KB164142

가고 싶은 학교
보내고 싶은 학교

가고 싶은 학교
보내고 싶은 학교

이옥식 지음

한국경제신문

추천의 글

우리 한국 사람들에게 자녀 교육문제만큼 관심을 끄는 문제도 없다. 하지만 역설적이게도 제도권 교육만큼 낙후된 영역이 없다. 정부마다 교육개혁을 핵심과제로 내세워 왔지만, 사교육에 대한 의존도는 점점 더 높아져 교육부부터 없어져야 한다는 볼멘소리가 터져 나오고 있는 상황이다.

이에 대해 저자는 교육에 관한 모든 정책적 조치들이 '교육철학 없이' 추진되어 왔기 때문이라고 지적한다. 수많은 교육학자나 전문가들이 쓴 글과 달리 이 책은 '학생이 행복한 교육이 과연 우리나라에서도 가능한가'에 대한 해답을 찾아가는 과정을 아주 구체적인 체험담을 통해 보여준다. 저자는 '내 자식부터 가고 싶은 학교, 보내고 싶은 학교'를 만들기 위한 목적으로 1997년 한가람고등학교를 설립했고, 그 학교를 '학생이 행복한 학교'로 운영해온 성공적인 경륜을 바탕으로 2011년 청라달튼학교를 설립했다.

이 모든 과정에서 아직도 권위주의적 사고방식에서 탈피하지 못해 국가 주도형 교육을 고집하는 교육부나 학벌과 교육을 혼동하는 학부모 집단, 특히 무원칙하게 자주 바뀌기만 하는 입시제도와의 어려운 관계를 어떻게 극복해왔는지, 또 교사와 학생 모두 즐거운 마음으로 능동적으로 참여하는 교육과정 운영을 위해 어떠한 노력을 해왔으며 교육계 전반에 걸쳐 어떠한 영향을 미쳐왔는지를 상세하게 이야기하고 있다.

그중 가장 돋보이는 것은 학교 교육의 목적이 '학생들의 의사소통 능력과 팀워크 능력을 키워주고, 잠재된 능력과 창의력을 최대한 이끌어내는 것'이 되어야 하며, 이를 위해 절대평가제를 실시하되, 평가의 공정성·객관성을 확보할 방법을 학교 스스로 마련해야 한다는 저자의 교육철학이다. 자녀교육에 대해 고민하는 한국의 학부모라면 반드시 한 번은 읽어봐야 할 책이다.

—이인호(서울대 명예교수, 전 KBS 이사장)

꽃다운 22세의 나이에 교사생활을 시작한 이래 오랜 기간의 교장직을 거쳐 이제는 학교법인의 이사장이라는 경영자의 자리에 서 있는 저자의 삶은, 헌신 그 자체였다. 학생·학교와는 떼어놓고 생각할 수 없는, 거기에 아낌없는 열정과 물질적인 봉사까지 모든 것을 쏟으며 살아온 교육자로서의 지난 40년을 잘 알고 있다.

시공(時空)을 뛰어넘는 그의 안목은 이 책을 통해 더욱 돋보인다. '한국 교육은 왜 여기에 머물러야 하는가', '학생들이 다니고 싶어 하는 세계적인 학교는 어떤 모습이어야 하는가'라는 명제하에 우리나라 교육제도를 큰 틀에서 조망하면서 현재의 교육 상황의 장단점을 냉철하게 파헤쳐내고 있음에 새삼 감탄이 나온다.

불의에 결연히 맞서는 정의감, 대장부다운 과단성으로 그는 열악한 교육환경과 모순 가득한 제도 속에서도 자신의 교육이념을 굽히지 않았다. 그가 교육 현장에서 이뤄온 가시적인 성과는 사람들의 부러움을 자아내기에 충분했다. 그러한 저자의 투철한 교육철학과 실천적인 책임의식이 고스란히 녹아 있기에, 이 책이 우리의 교육수준은 물론, 교육제도를 개선하는 데도 크게 기여하리라 믿어 의심치 않는다.

이 나라 교육의 현재와 장래를 위한 소중한 자산이 될 이 책을 대하면서, 딸을 훌륭하게 길러주신 고 이봉덕 이사장의 뜻이 이뤄지는 듯하여 가슴 뿌듯한 감회가 어린다.

—김광년(변호사, 전 서울 민사지방법원 부장판사)

사람들은 그때 무슨 일이 이뤄지고 있는지 몰랐지만, 삶은 역사가 되었다. 광야에서 외쳤던 선지자의 목소리는 메아리가 되어 돌아왔고, 우리는 그때 무슨 일이 있었는지, 누가 무엇을 했는지, 왜 그렇게 되었는지 알게 되었다. 이 책에는 엄마의 마음, 선생님의 책임, 그리고 더 좋은 학교를 만들기 위한 교육개혁가의 간절한 의지가 담겨 있다. 그리고 학교 내 동료와 학부모, 정부와 뒤엉켜 한 매듭씩 맺고 풀어온 시간들에 대한 기록이 한 줄 한 줄 삶의 궤적을 이루고 있다.

더 좋은 학교 교육을 통해 우리 아이들이 역량을 키우고 더 행복한 삶을 살도록 도와줘야 하지 않을까? 너무도 마땅한 가치지만 이를 실행에 옮기는 순간, 제도는 장애물이었고 인식은 따라오지 못했다. 그러니 바꾸고 또 바꿔야 했다. 처음 시작했던 새로운 학교는 끊임없이 더 새로워져야 했고, 다시 시작한 학교는 기존의 학교와 달라야 했다. 삶이 그렇듯 새로운 학교는 이렇게 언제나 현재진행형이다. 늘 변화하는 과정이 목표지, 정해진 하나의 결과가 지향점이 아니기 때문이다.

이 책이 보여주는 삶의 궤적에는 지금 정부가 추진하는 여러 정책들, 그리고 앞으로 추진해갈 여러 정책들의 원형이 등장한다. 교과 선택제, 학점제, 문·이과 통합, 학교 급식 등 아직 정책 이름도 정해지기 전에 이미 한가람고에서 시도했고 실행해왔던 것들임을 목격할 수 있다. 어떤 변화는 너무 일찍 시도하는 바람에 왜곡되기도 했고, 어떤 시도는 나중에 정부 정책으로 편성되어 확산되기도 했다. 특히 고교 학점제 같은 체제 개편과 관련하여 현 정부의 정책이 학교 현장에서 어떻게 실현될지를 가늠해보려면, 한가람고에서 이뤄진 시도들을 먼저 살펴봐야 할 것이다.

광야에서 외쳤던 목소리는 이제 우리 옆에 와 있다. 그리고 인천 청라에서 새로운 목소리를 내며 더 좋은 학교를 만들어가고 있다. 과거 한가람고 교장실은 아주 작았지만, 거기서 퍼져 나온 간절한 마음은 울림이 컸다. 마당을 쓸면 지구 한 모퉁이가 깨끗해지고, 꽃 한 송이가 피면 지구 한 모퉁이가 아름다워진다. 이 책을 지은 이의 마음도 그러하다.

―김경범(서울대 서어서문학과 교수)

이 책의 저자인 이옥식 이사장을 한 마디로 규정한다면 '교육 혁신가'다. 그가 교장으로 학교 운영을 책임졌던 당시 한가람고만큼 주목을 받았던 학교는 없었다. 제일 눈에 띄었던 것은 학생들이 수업 시간마다 선생님을 찾아 강의실을 옮겨 다니는 교과교실제를 운영한 것이다. 우리나라 교육은 학생들 소질과 관심의 차이에 관계없이 같은 교과서를 갖고 똑같은 내용을 공부하도록 되어 있다. 한가람고는 거기에서 벗어나 학생 개개인이 자기 수업 시간표를 짤 수 있게 했다. 교육을 공급자인 교사 중심이 아니라 수요자인 학생 중심으로 바꾸기 위해 학생의 교과 선택권을 보장해줬다.

또한 한가람고는 1997년 개교 때부터 교원평가제를 시행했다. 전국 차원에서 본격적인 교원평가제가 시행된 것은 2010년이나 되어서의 일이었다. 소프트웨어만 혁신적이었던 것이 아니다. 교사들은 자기 연구실을 갖고 있기 때문에 교무실이라는 것이 따로 없었다. 교장실도 없었다. 교장은 학교 행정실에서 행정 전담 직원들과 함께 업무를 처리했다. 교실 책상 배치도 교과의 특성에 맞게 했다. 수업 시간의 길이도 일반 학교와 달랐고, 학생들 교복은 과감하게 반바지를 채택했다. 어떻게 한 학교에서 이렇게 많은 실험과 혁신을 할 수 있었는지 놀라울 정도다.

저자는 똑같은 학교를 하나 더 만드는 것에 만족하지 않았다. 학교의 개별성, 독자성을 살리고 싶어 했다. 실제로 그 목표를 상당히 이룬 교육자이기도 하다. 지금은 청라달튼 학교를 운영하면서 또 다른 실험을 하고 있다. 이번 실험은 세계를 상대로 한 것이다. 세계의 명문학교들과 겨뤄 뒤지지 않는 교육을 하고, 후일 국제적으로 활약할 수 있는 인재를 육성해보겠다는 것이다.

2011년 교육부가 당시 저자를 학교 교육지원 본부장 자리에 내정했던 일이 있다. 전국 초·중·고교 정책을 총괄하는 비중 있는 직위였다. 그러나 그의 혁신에 불편해했던 사람들이 학교 내신관리의 절차적 문제를 제기하면서 임명이 무산됐다. 그가 그때 그 자리에 임명되어 교육 혁신을 자기 학교 울타리를 벗어나 전국 학교에 퍼뜨렸다면, 대한민국의 교육은 조금 달라졌을 것이다.

—한삼희(조선일보 논설위원)

—
차
례
—

PART 1 --
상업학교에서부터 시작된 ------------------------------------
교육 실험 --

PART 2

20년을 앞서 나간 혁신, 한가람고등학교

PART 3

한국 교육체제를 벗어난 새로운 도전,
청라달튼학교

학생이 행복한 교육은 무엇인가

'진정으로 학생을 위한, 학생이 행복한 교육은 어디서부터 시작되어야 하는가?' 이 책은 교육자로서 반평생 이러한 고민을 끌어안고 살아온 내 삶과 교육관을 글로 정리해보고픈 작은 바람에서 시작되었다. 때로는 한국 교육제도의 이곳저곳을 비판할 수도 있을 것이다. 그러나 결코 우리의 교육제도와 국가 교육정책을 부정하기 위한 글은 아니다.

수많은 나라를 다녀봤지만 우리나라만큼 교육이 역동적으로 변하고, 모든 국민의 최고 관심사인 나라는 없었다. 또 우리 교육제도에서 길러낸 인재들이 세계 각국에서 두각을 드러내고 활동하는 것을 보고 있으면 비록 고교 3년이 '지옥 훈련'일지언정, 그 과정을 잘 극복한 학생들의 성공 가능성이 높다는 것도 잘 알고 있다.

하지만 직접 학교에서 아이들을 마주 보고 있을 때면 가슴 한

편이 먹먹해짐을 느낀다. 꼭 이렇게 교육하는 게 최선일까? 물론 지금 강조되는 인내와 끈기, 집중력과 순발력은 미래에도 여전히 필요할 것이다. 그러나 주어진 정답만 빨리 고르도록 훈련받는 우리 아이들이 급격하게 변화하는 미래 사회에서도 잘 살아갈 수 있을까? 뛰어난 인재를 길러내는 것도 중요하지만 아이들 스스로 자신의 삶을 소중히 여기고 행복하게 살아가도록 가르쳐야 하는 것 아닐까? 이들에게는 학교를 다니는 동안의 경험이 일생의 지침으로 자리 잡을 텐데, 학교생활에서 행복을 경험하지 못한 학생들이 과연 사회에 나가서 행복할 수 있을까?

학교 교육을 담당하는 이들이라면 학생들이 살아갈 미래 사회를 내다보고 그들이 잘 적응할 수 있도록 준비해주는 것은 물론, '지금' 학교에서 진행되고 있는 학생들의 삶을 행복하게 해줄 의무가 있다. 나는 1997년 한가람고등학교를 설립하면서 '내 자식부터 가고 싶은 학교, 보내고 싶은 학교'를 만들기 위해 노력했다. 그러려면 기초 교육과정인 초등학교와 중학교를 지나 진로를 선택해야 하는 고등학교에서는 학생들이 배우고 싶은 교과를 선택하게 해야겠다는 생각이 가장 먼저 떠올랐다.

학생들의 교과 선택권을 보장하기 위해서는 교과교실제가 반드시 필요했다. 종전에도 미술실, 과학실 등의 특별 교실은 종종 있었지만 교과교실제는 이와 달리 수학·국어·사회 등 모든 교과의 교사가 자신의 교실에 상주하면서 수업을 들으러 오는 학생들을 맞이하는 것이다. 교사가 교실에 머물게 되면서 교사는 가르치는 일에만 전념할 수 있게 되었고, 이는 새로운 분위기를 만들었다. 학생들과의 교감과 소통이 부족한 교사는 자연스럽게 도태될 위기에 처했다. 학생들에게 공정하지 못한 교사도 외면당할 수밖에 없었다. 교사 스스로 부단히 노력하는 계기가 마련되었다.

또한 교사들이 학생들의 평가와 반응을 정확하게 인지할 수 있도록 학생들에 의한 수업 만족도 조사를 실시했다. 수업 만족도 조사는 학생들에 의한 교원평가로 이어졌다. 이를 통해 교사들은 학생의 요구와 사회 변화에 스스로 적응해 나갈 수 있었다. 국가에서 도입 초기 대부분의 교사들이 껄끄러워 했던 교원평가를 한가람고 교사들이 자연스럽게 받아들일 수 있었던 이유가 바로 여기에 있다.

학생을 중심에 놓고 바꾸자

한국의 교육 역사상 한가람고가 최초로 시도한 변화들은 비교적 무난하게 학교 현장에 안착했다. 변화의 중심에 학생이 있었기 때문이다. 한가람고 학생들은 학교와 교사들의 노력과 기대를 저버리지 않았다. 학생 스스로 선택한 교과를 열심히 배우려고 노력하는 것은 물론, 애쓰는 교사들을 진심으로 존경하고 따라줬다. 자신들을 잘 따르고 노력하는 학생들을 보며 교사들 역시 하나라도 더 가르쳐주고자 온 정성과 마음을 바치는 선순환이 발생했다.

한가람고에서 학생들의 교과 선택권을 보장하기 위해 도입한 교과교실제는 교사들에게 연구실을 제공한 것이나 마찬가지였다. 교실마다 각 교과의 특성에 맞게 좌석을 배치하고 교과별로 다양한 교재와 교구를 비치하여 학생들의 학습 동기를 유발하게 한다는 점에서 장점이 컸다. 다만 교실을 너무 자주 이동할 경우 집중도가 떨어질 수 있다는 점을 고려해서, 교실 이동 횟수를 줄이기 위한 100분(2시간) 수업이 도입됐다. 100분으로 길어진 수업 시간은 단순 주입식 교육을 탈피하려는 교사들의 노력을 이끌어냈다. 학습의 집중도를 높이기 위해서는 교수학습 방법이 달라져야 했다. 이후 학생들의 집중도 수준을 고려해 현재는 기본 75분으로 정착해 운영하고 있다.●

● 다만 2015 고등학교 교육과정에서 공통 과목의 이수 단위를 과목당 8단위(50분 수업, 4시간씩 1년)로 정하고 증배하지 못하도록 막은 것은, 한가람고가 그동안 시행해온 75분 수업을 향후 못하게 하는 요인이 될 수 있다.

학생들의 교과 선택의 폭을 넓히기 위해 실용적인 교과를 새로 개설했다. 예를 들면 개교 초기 워드와 컴퓨터그래픽, 엑셀 등을 가르치는 '컴퓨터', 지리와 지역별 역사·정치·경제·사회문화 등이 결합된 '지역연구', '연극(영화)의 이해', '연극(영화) 제작실습', '영화감상과 비평', '서양조리', '제과', '사진' 등에 이르기까지 사회 변화와 당시 학생들의 관심을 반영한 새로운 교과들이 여럿 등장했다.

이러한 시도로 인해 한가람고는 세간의 관심의 대상이 되었다. 수많은 언론들이 한가람고의 시도를 앞다퉈 보도했다. 시도 교육청은 물론 전국 각지의 학교로부터 한가람고를 방문할 수 없겠냐는 문의 전화가 줄을 이었고, 실제로 교육 관계자들의 방문이 매일 같이 이어졌다.

그러나 한가람고를 방문한 교육 관계자들의 대부분은 "한가람은 저렇게 할 수 있어도 우리는 할 수 없다"는 반응을 보였다. 그 이유가 재미있었다. 교장들은 '교사들이 말을 안 들어서'라고 했고, 교사들은 '교장과 교육청의 이해가 부족해서'라고 했다. 교육청과 교육부 관료들은 '학교가 바뀌려고 하지 않아서'라는 이유를 들었다. 서로 남 탓을 했다. 그러는 가운데 새로운 교육 대안을 찾고 있던 교육부와 시도 교육청에서 교육과정 선택까지는 가지 못하더라도 2014년까지 중·고교에 교과교실제를 전면 도입하겠다고 선언하고, 2011년부터 막대한 재정을 쏟아 붓기 시작했다.

교육철학 없는 변화는 말짱 헛것

뒤에 다시 언급하겠지만, 한가람고의 교과교실제는 성공적이었다. 그러나 아직도 교과교실제를 성공적으로 잘 하고 있다는 학교를 만나기가 쉽지 않다. 2009년부터 교과교실제를 정책 방향으로 잡고 적극 추진하던 정부도 2014년에는 교과교실제 전면도입 계획을 연기하며 다소 소극적인 태도로 바뀌었다. 교과교실제를 하는 이유를 정확하게 인지하지 못한 채 제도의 외형만 따라했기 때문이다.

당초 교과교실제를 도입한 목적은 학생의 교과 선택을 보장하고 교사의 교수학습 방법을 바꾸려는 것이었다. 하지만 대부분의 학교에서는 그저 교사들을 교실에 상주하게 하고 학생들만 수업 시간마다 이동시키는 데 그쳤다. 공연히 이동하느라 시간만 쓴다는 불만이 커질 수밖에 없었다. 학생들을 관리 지도하기가 어려워지자 교사들도 교과교실제에 의문을 제기하기 시작했다. 한가람고에서는 성공한 일이 왜 다른 학교에서는 실패했거나, 아예 도입조차 할 수 없었을까? 그 이유는 '왜 하는지'에 대한 철학과 비전을 교사·학생·학부모가 공유하지 못했기 때문이다.

교과 선택이 대학입시와 연계되면서 왜곡된 것도 교과교실제의 발목을 잡았다. 2005학년도 고교 입학생부터 내신평가가 9등급 상대평가제로 바뀌었다. 대학 입학을 목전에 둔 학생들은 하고 싶은 교과를 선택하기보다는 내신을 따기 유리한 교과를 선택해야 하는 상황에 내몰렸다. 예를 들어 교과 선택 인원이 적거나 우수한 학생들이 선택하는 교과는 학생이 원하는 진로와 관련이 있어도 선택을 기피하는 현상이 나타났다.

7차 교육과정이 적용됨에 따라 2005학년도 대학수학능력시험에서부터는 인문, 자연, 예체능으로 나뉘던 기존의 계열 구분이 폐지되고 수험생이 시험 영역과 과목을 선택할 수 있게 되었다. 그러나 취지와는 달리, 이로 인해 일선 학교의 문·이과 구분은 오히려 더 강화되었다. 이전까지는 문과 수험생이든 이과 수험생이든 사회탐구와 과학탐구를 모두 응시해야 했던 반면, 2005학년도 수능부터는 수험생이 사회탐구, 과학탐구, 직업탐구 중 하나만 택할 수 있도록 바뀌었기 때문이다. 사회탐구를 택하는 수험생은 과학을 전혀 공부하지 않게 되었고, 과학탐구를 택하는 수험생은 역사와 사회를 전혀 공부하지 않게 되었다.

이는 계열 구분 폐지라는 취지와 달리 학교 현장에서 오히려 역사와 사회를 배우지 않는 고교생(이과생), 과학을 배우지 않는 고교생(문과생)을 양산했고, 이로 인해 문·이과 간 장벽과 구분은 현실적으로 더 커졌다. 이와 같은 정책들은 한가람이 추구하고 이루려는 교육을 방해하는 요인으로 작용했다.

그럼에도 불구하고 한가람고는 설립 정신을 훼손하지 않는 범위 내에서 끊임없이 노력하고 적응해 나갔다. 만족스럽지는 않지만 한가람고가 한국 교육의 변화에 미친 영향력은 작지 않았다. 이것은 현재 한가람고가 자율형 사립고인 이유이기도 하다. 국가의 통제와 획일적인 교육체제에서 한국 고등학교 교육의 변화를 주도해왔고, 앞으로도 어떠한 어려움이 있더라도 끊임없이 학생들의 미래를 내다보고 필요한 교육을 할 예정이다.

최근 나의 마음을 두드린 기사가 있었다. 전기차와 자율주행차를 개발하는 테슬라가 2014년부터 공장 내에 사립학교(Ad Astra, 라틴어로 '별을 향해'라는 뜻)를 세우고 엘런 머스크 테슬라 회장의 다섯 자녀와 임직원 자녀, 지역 영재들을 입학시켜 가르치고 있다는 내용이었다.● 학년의 구분도, 성적 평가도 없으며 매학기마다 프로젝트 과제를 협업을 통해 해결해나가는 학교라고 소개되었다.

● 미국 〈비즈니스인사이더〉 2017년 11월 14일자 기사 참조.

한국에서는 이런 학교를 설립하고 싶어도 인가를 받기가 쉽지 않을 것이다. 설령 인가를 받더라도 온갖 반대와 특혜 논란이 끊이지 않을 것이다. 더욱이 내신이든 수학능력시험이든 시험점수 결과로만 대학 입학이 허용되는 지금의 현실 속에서는 이런 학교를 운영하기가 쉽지 않을 것이다.

물론 학생 한 사람 한 사람의 인생이 걸려 있는 교육을 이리저리 실험하고 시행착오를 거듭할 수는 없는 일이다. 하지만 그것을 지나치게 두려워하여 국가가 모든 것을 통제한 결과, 현재 한국의 모든 학생들은 똑같은 교과서로 똑같이 배우고, 똑같은 시험을 봐서 일렬로 줄을 선 채 대학을 가고 있다. 검인정 교과서를 도입했어도 실제론 대부분의 목차와 내용이 어슷비슷하다. 누구도 국가가 정해준 열에서 벗어나려 하지 않는다. 국가가 이를 벗어나려는 시도조차 할 수 없게 만들고 있다.

그렇기에 학교 설립 철학부터 남달랐던 한가람고가 추구해온 시도와 노력은 우리나라 교육사에 남을 만한 매우 값진 것이라고 자신있게 말할 수 있다. 앞으로도 나는 지금까지 그래왔듯 학생들의 미래를 위해 험한 길을 마다하지 않고, 묵묵히 걸어온 교사들과 함께 새로운 교육을 위한 도전을 멈추지 않을 것이다.

대입제도에 매몰된 교육

이 책은 대입제도와 관련한 시사점도 제공할 것이다. 이 글을 쓰는 즈음에도 대입제도 개편안에 대한 논쟁이 첨예하게 진행되고 있다. 이번 논쟁이 어떻게 마무리되든, 대학입시를 둘러싼 논쟁은 여전히 지속될 것이다. 대입제도는 한국 사회의 전장이기 때문이다.

그러나 이 논쟁에는 가장 중요한 것이 빠져 있다. 학교가 왜 필요한지 그 이유를 충족시키려면 어떤 학교 교육을, 어떤 방법으로 해야 할지를 먼저 정의해야 한다는 점이다. 거기서부터 논쟁을 시작해야 한다. 우리는 모두 학교 교육의 목적이 대학입시가 아니라는 점을 알고 있다. 그러므로 대학입시는 학교 교육을 정상화하고 학교가 본연의 교육 목적을 달성할 수 있도록 도와야 한다. 학교 교육의 목적이 끊임없이 다른 사람들과의 경쟁을 조장하고 학생 모두를 패자로 만드는 것은 분명 아닐 것이다.

학교 교육의 목적은 학생들이 다른 사람들과 함께 살아가는 데 꼭 필요한 의사소통 능력과 팀워크 능력을 키워주고, 잠재된 능력과 창의력을 최대한 이끌어내고자 하는 데 있다. 특히 개인별로 능력을 최대한 이끌어낼 수 있는 동기를 부여하기 위해서는 자신의 성취 여부와 목표 도달 정도를 측정할 수 있는 절대평가제를 실시하는 것이 바람직하다. 다만 평가 방법을 사회 변화에 맞춰 지속적으로 개선하고, 절대평가의 공정성과 객관성을 확보하기 위한 방안이 마련되어야 할 것이다.

그런데 지금 진행되는 대입제도 개편안 중 학생부에 관한 논의를 보면, 공정성과 객관성을 의심받는 학교생활기록부에 무슨 항목은 남기고 무슨 항목은 몇 자로 제한하자는 식이다. 이런 지침이 추가되면 공정성과 객관성이 확보되는가? 오히려 학교와 교사의 자율성을 해치고 대학 입학만을 위한 또 다른 줄서기 방법과 편법을 양산할 뿐이다.

학교생활기록부는 결국 학생이 학교에서 어떠한 교육을 받았는가에 대한 기록이다. 그렇다면 객관적으로 검증된 평가[예를 들면 학업성취도(내신성적 · GPA)와 학교 교육 활동 참여 여부, 출결 상황 등]만 학생별로 기록하고, 나머지는 학교의 교육과정에 대한 것이 담겨 있어야 한다. 학교가 학생들을 상대로 그간 어떤 교육을 했는지, 그래서 이룬 성과가 무엇이며 그 과정으로 인해 학생들에게 어떤 교육적 영향력이 있을지에 관한 정보가 기록되고 공개되어야 한다. 당연한 전제는 학교가 거짓을 말해서는 안 된다는 것이다. 학교가 거짓된 정보로 대학입시를 혼란스럽게 한다면 이는 얼마든지 법적 · 도덕적으로 책임을 물어야 하고 물을 수 있다. 또 객관화된 표준화 검사 결과에 따라 학교의 내신평가의 신뢰성이 확보되어야 한다.

영미권 학교에서 사용되는 방식이 그러하다. 예컨대 영국 학교는 전체 학생들의 교과별 학업성취도와 학교 단위의 국가 수준 교육과정평가(NCA) 결과의 상관관계를 공개하여 학교 내신의 객관성과 공정성을 밝히고 있다. 또한 미국 대학들도 학생들의 입학 원서를 받을 때 학생 개별 점수뿐 아니라 학교 전체 학생의 공인된 평가시험 결과에 대한 통계치와 내신성적(GPA) 통계치 내용이 담겨 있는 학교 프로파일을 받아 내신의 객관성과 공정성을 입증하게 하고 있다.

이런 제도의 취지는 학생들 간의 경쟁을 조장하는 것이 아니라 학교와 교사의 노력과 경쟁을 이끌어내려는 것이다. 대학입시는 고등학교 교육을 정상화하고 나아가 미래 사회를 준비하는 교육이 될 수 있게 학교와 교사가 노력하도록 이끄는 데 초점을 맞춰야 한다.

학교가 사회를 이끌어갈 수 있다

한가람고가 국내 최초로 시도한 것은 교과교실제나 교과 선택제뿐만이 아니다. 대표적인 것이 직영급식이다. 개교 원년인 1997

년, 도시락을 싸오지 못하는 학생들을 보게 되었다. 이들이 학교에서만이라도 배를 굶지 않도록 해야겠다는 생각으로, 충분하지 않은 시설과 여건 속에서 직영급식을 시작했다. 급식 자재납품과 관련한 유통 구조가 마련되어 있지 않았던 탓에 매일 새벽 도매시장에 나가 직접 장을 보았다. 그로부터 불과 수년 후 초·중·고등학교에 직영급식이 단계적으로 도입되어 현재는 급식률이 거의 100퍼센트에 이르게 되었다. 이제는 그 비용을 정부나 지방자치단체가 부담하자는 무상급식 얘기까지 거론되는 중이다.

한가람고의 또 다른 상징은 반바지다. 학교에서 하루 종일 생활하는 학생들이 땀도 흡수하지 못하고 공기도 안 통하는 데다 겨울에는 보온성마저 떨어지는 교복을 입는 것이 안타까웠다. 이에 2006년도 여름에 반바지와 티셔츠 교복을 도입했고, 겨울에는 후드티를 입게 했다. 인근 학교는 이상한 눈으로 바라봤지만 한가람의 모든 학부모들과 학생들은 환호성을 질렀다. 그리고 그렇게 10여 년 이상 한가람에서 사용해온 반바지와 티셔츠, 후드티 교복 아이디어는 2018년 각 시도 교육감 선거에서 여러 후보들이 앞다퉈 공약으로 내세우는 이른바 '대세'가 되었다.

이처럼 학교 교육은 시대를 앞서갈 수 있다. 또 앞서가야 한다. 누군가 정체되어 있는 기존의 교육 시스템으로부터 과감하게 벗어나 새로운 교육적 성취를 이룬다면, 다른 이들을 바꾸는 것은 물론이고 교육 시스템 자체도 바꿀 수 있다고 나는 믿는다. 실제로 그와 같은 방식을 통해 한가람고가 한국 교육을 적지 않게 바꿨다고 자부한다.

그러나 최근 들어 사회가 따라갈 수 없을 정도의 빠른 속도로 변화하고 있다. 이제는 형식뿐 아니라 교육의 내용과 방법을 획기적으로 바꿔야 할 시점이다. 단편적인 교과서 지식의 단순 암기식 학습을 벗어나 학생들의 사고력과 문제해결 능력, 의사소통 능력을 길러줘야 한다. 이런 능력을 키워주기 위해서는 무엇을 가르칠 것인가도 중요하지만 어떻게 가르칠 것인가에 중점을 둬야 한다.

나이와 학년 구분에 따른 분업보다는 공통의 관심에 기초한 협업이 효과적이다. 또한 획일적이고 일방향적인 가르침보다는 교사와 학생 쌍방향의 의사소통을 전제로 학생 개개인을 중시하는 교육이 이뤄져야 한다. 따라서 교사들도 일방적으로 지식을 전달하는 역할에서 벗어나 지식을 탐구하는 과정의 진행자이자 조언자이며 관리자로서의 역할에 더 충실해야 한다.

교육의 성과가 교사 개인의 능력과 교육관에 의해 좌지우지되는 것을 막기 위해 국가와 교육단체는 표준화된 성취 기준을 마련하고, 학교와 학생 개개인의 성취 수준과 과정을 객관적으로 평가할 수 있는 표준화된 검사 도구를 다양하게 개발하여 안내해

줘야 한다. 학교는 설립 철학을 구현하고 학교 운영에 도움이 될 수 있는 검사 도구를 선별하여 학생 평가에 적용함으로써 교사와 학생이 끊임없이 발전할 수 있도록 이끌어가야 한다.

국가의 통제에서 벗어난 참신한 도전

한가람고에 이어 참신한 교육을 실현하고자 설립한 학교가 청라달튼학교(Cheongna Dalton School, CDS)다. 청라달튼은 외국인학교로, 한국의 국가 교육과정에서 벗어나는 새로운 도전을 하기 위해 마련한 발판이기도 하다. 2011년 허허벌판 바다를 메꿔 만든 인천 청라지역에 문을 열었다. 유치원부터 고등학교(K~12)까지 통합 운영을 한다. 한국 학교에서는 해볼 수 없었던 교육방식이다.

유치원생부터 고등학생까지 전교생은 아침 8시부터 오후 3시 50분까지 똑같이 학교에서 생활한다. 유치원과 초등학교(K~4학년) 시기에는 온돌로 된 교실에서 맨발로 자유롭게 다니며 공부하고, 21개국에서 온 친구들과 의사소통 하면서 학습에 대한 바른 습관을 키운다. 중학교(5~8학년) 시기에는 교과별로 교사를 찾아 교실을 이동하고, 기초 학문에 대한 학습 능력과 탐구 능력을 기르며, 때로는 학년 구분 없는 협업을 통해 자아를 발견한다. 또 고등학교(9~12학년)에 진학해서는 학생 개인의 진로와 학습 능력에 따라 학년 구분 없이 교과 선택을 달리할 수 있으며, 일정 수준의 성취 수준을 충족해야 하는 학점제를 병행한다.

학생들은 교과 외에도 수영, 승마 등 다양한 스포츠 활동과 봉사 활동 등을 수행하면서 즐겁게 학교생활을 한다. 고교 졸업 후엔 한국은 물론 세계 어느 나라의 대학에도 진학할 수 있다.

청라달튼학교의 설립 목적은 국가의 교육 통제에서 벗어나 한국은 물론 세계적으로 학교 교육의 올바른 방향과 목표를 제시하고 이를 실천하기 위해 힘쓰는 정말 좋은 학교를 만드는 것이다. 청라달튼의 새로운 도전은 아직 초기 단계다. 한가람고가 한국 교육을 한 단계 끌어올리는 데 큰 역할을 했듯, 청라달튼학교도 새로운 교육을 통해 우리 공동체를 한 단계 업그레이드하는 역할을 할 수 있으리라고 기대한다.

이제부터 시작이다.

P · A · R · T
1

상업학교에서부터
시작된 교육 실험

봉덕학원의 뿌리에 대하여

이야기를 시작하기 전에, 내가 어떻게 해서 한가람고등학교와 청라달튼학교 등을 세운 봉덕학원 이사장 자리에 이르게 되었는지를 설명하는 것이 좋을 듯하다.

봉덕학원을 세운 이는 이봉덕 여사, 봉덕학원의 초대 이사장이자 나의 어머니다. 그는 한국전쟁이 채 끝나기도 전인 1952년 전쟁의 폐허 속에 천막 학교를 열었다. 학교의 이름은 '성광(聖光)공민학교'였다. 월남한 고향(황해도 봉산군) 사람들이 그가 서울에서 부자가 되었다는 소문을 듣고 그의 얼굴도 실제 사정도 모른 채 무작정 그를 찾아 모여들었다. 그러한 피난민 중에는 전쟁통에 고아가 된 아이들과 부모 중 하나를 잃은 아이들이 특히 많았다. 누군가는 이들을 돌봐야 했다. 천막 학교에서는 낮에는 아이들을 가르치고, 밤에는 부모들을 불러 한글을 알려주며 문맹을 퇴치했다. 동시에 천막 학교는 먹을 것, 입을 것을 구해 이들에게 나눠주는 사회사업 기구로서의 역할도 했다.

이후 국가 차원의 사회 재건사업이 본격화됐다. 어려서부터 '나라가 발전하려면 여자도 교육을 받아야 한다'는 신념을 갖고 있었던 내 어머니 이봉덕 여사는 1959년 1월 17일 학교법인 봉덕학원을 설립하고 봉영여자중학교를 열었다. 이어 1961년 봉영여자상업고등학교를 개교했다. 이후 1976년 서울 신정동으로 교사를 신축 이전하고 이름을 영등포여자상업고등학교로 바꿨다. 1977년에는 영등포여상 부설 산업체 특별학급이 문을 열었고, 1988년에는 서울 양남동에 있던 봉영여자중학교 등을 목동 신시가지 아파트 단지 내인 신정동으로 이전하고, 일반계 고등학교인 양천여자고등학교(현 목동고등학교)를 설립했다. 이후에도 봉덕학원은 1997년에 한가람고등학교를, 2011년에 청라달튼학교를 설립하여 지금까지 총 다섯 개의 학교를 세웠으며 두 개의 학교법인(득양학원, 영상학원)을 분리했다.

나는 봉덕학원이 설립되기 한 해 전인 1958년 7월 3일에 서울 영등포에서 태어났다. 7살이던 1964년 5월 나는 초등학교에 정식으로 입학하지 않은 채 오빠 손에 이끌려 초등학교 1학년 교실에 청강생으로 앉아 있었다. 그 해가 끝나갈 무렵 교장 선생님은 내년에 다시 1학년 신입생으로 입학하라고 하셨지만, 담임선생님의 간곡한 추천으로 이듬해 바로 2학년에 진급할 수 있었다. 덕분에 나보다 한 살 더 많은 친구들과 함께 1972년 고교 평준화 직전 마지막 고등학교 입시를 치르고, 이듬해 남녀공학인 서울사대부고에 진학했다.

어린 시절의 꿈은 외교관이었다. 외국에 나가기가 힘들었던 시절이라, 우리가 살고 있는 세상 밖으로 가보고 싶었다. 그러나 고등학교 2학년 때 학교 사태로 구치소에 수감 중(수개월 수감 후 무죄로 판명)이셨던 어머니를 면회하고 나오면서 꿈이 바뀌었다. 한겨울 차디찬 구치소에 계시는 어머니한테 내가 해줄 수 있는 위로는 고작 학생회 간부가 되었다는 말 밖에는 없었다. 당시 학교 근처에서 자취를 하고 있던 나는 그다음 학기를 마치고 어머니가 계신 집으로 돌아갔고, 어머니가 원하는 대로 교사가 되겠다고 선언했다. 그리고 어머니께 이제부터 어렵고 힘든 일이 있으면 내게 말하라며, 내가 어려서 도와줄 수는 없어도 조금은 위로가 될 것이라고 말했다.

문과였던 진로를 갑작스럽게 변경해 수학교육과에 진학했다. 그렇게 대학을 졸업하고 영등포여자상업고등학교 1학년 9반 담임으로서 교직생활을 시작했다. 교육자의 길에 들어선 것에 대해 후회가 없었던 것은 아니다. 1990년대 말 영등포여상의 소요 사태로 한참 힘들 때 나는 "엄마, 도대체 왜 육영사업을 시작하신 거예요?"라고 원망 섞인 말을 하기도 했다. 하지만 그때 어머니는 한 치의 망설임도 없이 "그럼 빵 장사를 하니? 콩나물 장사를 하니? 그래도 아이들을 길러내는 것이 제일 좋지"라고 받아치셨다. 나는 여전히 어려울 때면 어머니의 그 말씀을 떠올린다. 또 "엄마를 모시고 학교는 네가 해라"라고 하신 아버지(故 이명수 이사장)의 마지막 유언을 생각한다.

부모님은 한국전쟁 직후 어려운 시절에도 자신의 안락과 일신의 편안함만을 좇지 않았다. 배고픔을 참고 이기면서 교사들의 월급을 마련하기 위해 돼지를 기르고 블록을 손수 하나하나 쌓아 올려가며 학교를 만드셨다. 억울한 누명을 쓰고 구치소까지 다녀오면서도 어머니가 지켜냈던 학교이기에, 그런 어머니를 생각하며 들어선 교사의 길이기에, 그리고 부모가 바라는 뜻이 무엇인지 누구보다도 잘 알기에 나는 나에게 주어진 운명을 받아들여 부모님이 이뤄 놓으신 것보다 더 열심히 잘 해내야겠다고 마음을 다잡았다.

부모님은 문맹을 퇴치하고 전쟁으로 인해 무너진 나라를 다시 세우기 위해 만든 성광공민학교를 시작으로, 여자도 교육을 받아서 나라 경제 발전에 일조해야 한다는 일념으로 새운 봉영여중과 영등포여상에 이어, 여자도 고등교육을 받을 수 있게 하기 위해 일반계 고등학교인 양천여고를 설립하셨다. 이러한 부모님의 깨인 사고방식은 지금도 나를 자극하는 촉매제가 된다. 덕분에 나에게 주어진 사명은 내가 성장한 산업화 시대를 벗어나 정보화 시대와 세계화 시대에 걸맞는, 그리고 다가오는 4차 산업혁명 시대를 대비한 교육을 할 수 있는 학교 설립과 운영이라고 생각하고 있다.

교사가 되어
처음 만난 아이들

서울 영등포여자상업고등학교에서 수학 교사로 교직생활을 시작한 1980년 어느 겨울이었다. 그때 영등포여상은 서울여상, 동구여상 등과 함께 서울 지역 최고 명문 여상 중의 하나였다. 그 당시 한 학급의 학생 수는 60명 내지 63명이었는데 한 반에서 20명 이상이 은행 등 금융권에 취업하고, 나머지 학생들은 삼성을 비롯한 기업체에 취업했다.

학생들은 모두가 착실하고 책임감이 강한 아이들이었다. 산업화와 도시화의 물결을 타고 서울로 사람이 몰려들던 때였다. 고향을 떠나온 이주민의 자녀가 대부분이었다. 빨리 서울 생활에 적응해 집안을 일으켜 세우겠다는 기대와 의지를 가지고 취업이 잘되는 여상을 선택한 것이다.

첫 해 담임을 맡은 반 학생들 중에는 늘 제일 먼저 교실에 도착해 맨 앞자리에 앉는 아이가 있었다. 하루는 새벽부터 펑펑 눈이 쏟아졌는데, 그 학생이 첫 번째 수업시간이 끝날 무렵에서야 꽁꽁 언 채로 교실에 들어섰다. 교무실에 데려가서 일단 몸을 녹이게 한 다음, 학교에 왜 늦었는지 이유를 물었다.

"집은 서울인데 학교까지 오려면 교통편이 복잡해서 일찍 일어나야 해요. 늘 새벽 다섯 시에 집에서 나와 산길을 따라 한 시간을 걸어서 버스를 타요. 한강다리를 건너 화곡동에서 내린 다음 다시 삼십 분을 걸어야 학교에 도착하거든요."

"저런, 매일 너무 힘들겠다. 오늘은 눈이 많이 와서 더 오래 걸렸나 보구나."

"네. 오늘도 평소처럼 다섯 시에 나왔는데 눈이 많이 내려서 길을 못 찾았어요. 눈길을 헤매다 보니 한 시간 걸으면 되는 길을 세 시간이나 걸어서 겨우 버스를 타는 바람에……. 지각해서 죄송해요, 선생님."

나는 그만 할 말을 잃었다. 눈물을 흘리는 아이를 보고 있으려니 나 역시 눈물을 참기가 힘들었다. 그렇게 서로를 부둥켜안고 울고 말았다.

너무나도 열심히 살던 아이들이었다. 그래도 그때는 사는 게 풍족하진 않았지만 열심히 노력하면 누구나 잘 될 수 있다는 희망은 갖고 있었다. 입시를 거쳐 영등포여상에 들어온 아이들의 중학교 성적은 대부분 상위 10~15퍼센트 이내였다. 모두 공부하는 것을 게을리 하지 않았다. 그렇지만 내 마음 한 구석에서는 '이대로 해도 되는 걸까' 하는 의구심이 싹텄다. 갓 대학을 졸업한 나로서는 불과 수년 전 나의 고교 시절과 이 학생들의 고교 시절이 너무 다르다는 생각을 지우기 어려웠다.

고교입시제도하에 선발된 우수한 학생들이 모인 일반계고를 졸업한 나는 고등학교에서 일주일에 5시간씩 수학 수업을 받았고, 모든 학생들이 방과 후 자율학습 시간의 대부분을 수학 공부를 위해 할애했다. 그래도 수학은 어려운 과목이었다. 그런데 교사가 된 지금, 내가 같은 교과서로 학생들에게 동일한 내용, 동일한 분량의 수학을 가르치는 시간은 일주일에 단 3시간뿐이었다.

게다가 이 아이들에겐 주산, 부기, 타자 자격증을 따는 게 우선 순위였다. 수학 복습을 하기는커녕 숙제를 해올 시간조차 없는 학생들을 상대로 가르쳐야 하는데 분량은 조금도 변화를 줄 수가 없었다. 대부분의 교사들은 학생들이 이해했는지 못했는지는 따지지 않았다. 그냥 무조건 진도를 나가 교과서를 마쳤다. 그러면 교사가 할 일은 다 한 것으로 인정받았다. 뭔가 잘못되어도 한참 잘못되었다는 생각이 들었다.

그나마 주간에 학교를 다니는 아이들은 사정이 나은 편이었다. 집안 형편이 어려워 고등학교에 진학하지 못하고 취업을 해야 했던 어린 가장들이 다녔던 산업체 특별학급에는 정말로 딱한 아이들이 많았다.

무덥던 어느 여름날, 짧은 반소매 하복을 입은 한 학생이 팔에 수건을 칭칭 동여매고 학교에 왔다. 어디 다쳤냐고 물으며 풀어보라고 하니 팔을 뒤로 빼면서 보여주지 않으려고 했다. 이상한 생각이 들어서 재차 팔을 보자고 채근했더니 한참을 망설던 아이가 수건을 풀었는데, 팔 전체에 붉은 발진이 생겨 진물이 흐르고 있었다.

피부병이라 여기고 얼른 병원에 가보자고 했다. 그런데 학생이 얼굴을 붉히며 "아니에요"만 반복하는 것이다. 그 아이가 털어놓는 이야기를 들으니 기가 막혔다. "나무로 지은 회사 다락방 기숙사가 너무 낡아서 빈대가 많아요. 밤새 물려서 이렇게 됐어요"라고 하는 것이 아닌가. 이 정도로 많이 물렸으면 밤새 잠을 못 잤을 텐데 걱정하며 되물었더니 그 학생은 도리어 "너무 피곤해서 잠이 들면 도저히 깰 수가 없어서요"라며 말끝을 흐렸다.

이렇게 눈물겹게 고생하면서도 그들이 보여준 학업에 대한 열정은 매우 뜨거웠다. 낮에는 공장에서 일하고 밤에는 공부를 하면서, 어떤 수학문제를 내도 100점을 맞던 정말 뛰어난 학생도 있었다. 일부 기업체에서는 '입사하면 영등포여상에 보내준다'는 조건을 내걸고 종업원을 모집하기도 했다.

낮에는 일하고 밤에는 지친 몸을 이끌고 늦게까지 책상에 앉아 있는 학생들에게 필요한 것은 어려운 수학 공부가 아니라, 고등학교 3년 과정을 통해 잃어버렸던 자존감을 회복하고 자아를 찾을 수 있도록 도와주는 일이었다. 그러나 아이들의 교육과정은 전혀 그렇게 구성되어 있지 않았다. 교사가 교과서 내용을 줄여서 가르칠 수도 없었다. 교사 단독으로 결정할 수 있는 상황이 아니었다. 교과서는 성경책과 같았다. 교과서가 존재하는 한 교사의 자율성은 허용되지 않기 때문이다. 그러나 교과서를 배우는 학생의 학습 능력과 교육과정 간의 격차는 너무 컸다.

잘 가르친다는 것은
무엇인가

잘 가르치고 싶었다. 그때는 잘 가르치는 것이 교과서를 잘 이해시키고 문제를 잘 풀 수 있도록 하면 되는 것이라 생각했다. 하지만 이조차도 쉬운 일은 아니었다. 교직에 대한 회의와 고민이 깊어 갔다.

대부분의 아이들에게 공부는 '단지 시험을 치기 위해 해야 하는 것'에 그치고 있었다. 학생들의 학습 능력이나 진로를 전혀 고려하지 않고 하는 공부, 학습 동기를 유발하지 못하는 교과서에 매달려 정해진 진도를 나가는 데 급급한 현실에서 벗어날 길이 없을까? 의문이 꼬리를 물었다. 누구도 이런 문제에 대한 답을 주지 않았다. 의논할 사람도 마땅치 않았다. 모두들 그냥 정해진 대로 하는 수밖에 없다고들 했다. 처음 교단에 설 때 느꼈던 긍지나 보람이 차츰 식어갔다. 타성에 젖은 교사가 되어가는 것이 느껴졌다.

그러던 어느 날, 좋은 궁리가 났다. 나는 수학담당 교사지만, 과학이나 가정 교과처럼 '나만의 교실'을 가지면 좋겠다는 생각이 들었다. 학생들이 오기 전에 미리 수업을 준비해놓고, 학생들이 오면 즉시 자기 수준에 맞는 문제를 골라 풀게 한 뒤 그 과정을 지켜보면 개별적으로 필요한 설명을 해줄 수 있을 텐데, 그러면 적어도 졸고 있는 아이들은 없을 텐데 라는 생각이었다.

분반 수업에 관한 아이디어도 떠올랐다. 당시 교련 수업이 있었는데, 두 명의 교사가 두 반을 합쳐 제식훈련을 진행하고 있었다. 그럴 거면 교련 교사 한 명 대신 수학 교사를 한 명 늘려 학생들의 학습 수준에 따라 두 반으로 나누어 수학을 가르칠 수 있겠다는 생각이 들었다. 수업을 잘 따라오는 아이들과 상대적으로 시간을 들여 찬찬히 가르쳐야 하는 아이들을 나눠서 가르치는 게 학생들에게도 도움이 될 것 같았다.

하지만 당시엔 그저 생각에만 머물고 말았다. 무엇보다도 국가 차원의 획일적 교육과정과 교과서를 벗어날 도리가 없었다. 교과별 특성과 학습자의 능력을 전혀 고려하지 않은 채 두부 모판 자르듯 똑같이 배정되는 학급당 학생 수와 학급 단위의 교육과정 편성으로부터 자유로울 수가 없었다. 또한 교사 개인은 물론 단위 학교 차원의 자율적인 운영을 용납하지 않는 당시의 관료주의적인 행정 풍토도 나를 숨 막히게 했다.

초임교사였던 내가 해결할 수 있는 문제는 아무 것도 없었다. 교직생활이 다람쥐 쳇바퀴 돌듯 무의미하게 반복된다는 기분이 들었다. 그나마 위안이 된 것은 특별학급 학생들과 맺은 돈독한 관계였다. 정작 내 수학시간엔 피곤함을 못 이겨 엎드려 자는 아이들이 많았지만, 그렇다고 곤히 자는 아이들을 차마 깨울 수도 없었다.

이 학생들이 어려운 수학문제를 몇 개나 푸느냐는 중요하지 않았다. 삶의 고단함을 이겨내는 성실함, 어려운 환경을 극복하려는 의지만으로도 이 아이들은 졸업장을 받을 자격이 충분하다고 여겨졌다. 다만 국가가 정해주는 고등학교 졸업 학력의 기준이 획일적인 교과서 진도 빼기는 아니어야 하지 않겠느냐는 생각이 점점 더 커져갔다.

미국 교육 시스템을
접하다

결혼을 하고 두 아이를 낳으면서도 이어가던 영등포여상 교직생활은 예상치 못한 상황으로 중단됐다. 남편이 먼저 미국으로 유학을 떠났고, 1985년 12월 나도 뒤따라 미국에 건너가게 됐기 때문이다. 39개월 된 아들과 백일을 갓 넘긴 딸을 데리고 갔다. 이후 1992년 초까지 한국과 미국을 오가며 살면서, 아들은 양쪽 나라의 교육을 모두 경험해야 했다. 나도 자연스레 양국의 교육체계를 비교하게 되었다.

미국에서 생활하던 어느 날, 아들이 다니던 초등학교 교장선생님의 전화를 받았다. 아들이 급우들 사이에 문제를 일으켰다며 가급적 빨리 학교로 와 달라고 했다. 깜짝 놀라 급히 학교로 달려갔더니, 교장실 앞 '생각하는 의자'에 아들과 다른 동양 남자아이가 앉아 있었다. 아들은 나를 보자 참았던 울음을 터뜨렸다.

먼저 와 있던 다른 아이의 아버지가 상황을 설명하는데 의외로 우리 아이 탓을 하지 않았다. 자신의 자녀가 미국 학교로 전학을 온 지 얼마 되지 않았는데 같은 동양권인 우리 아이와 친해지고 싶었으나 말이 통하지 않자 집적거렸고, 아들이 그것을 참다가 오늘 미끄럼틀 위에서 자기 아이 위로 일부러 넘어지는 방식으로 대응했다는 것이다. 자신의 자녀에게 일차적인 책임이 있다는 설명이었다.

운동장 놀이터에서 아이들을 지켜보던 학부모 자원봉사자에게 '한 학생(아들)에 의한 일방적 폭행'이 발생했다는 신고를 받고 나를 불러들였던 교장은 자초지종을 듣고는 아들에게 "왜 그동안 친구가 자꾸 집적거려 화가 났다는 말을 선생님께 하지 않았니?"라고 물었다. 또 "오늘이라도 그간의 이야기를 할 수 있었을 텐데 왜 말하지 않고 계속 가만히 있었니?"라며 이유를 궁금해 했다. 아들은 그제야 나를 쳐다보며 "엄마, 한국에선 친구를 이르는 건 나쁜 짓이라고 하지 않아요?"라고 되물었다.

이때 교장선생님의 대응이 매우 인상적이었는데, 그는 다소 놀란 듯한 표정을 짓더니 아이에게 "내가 한국 문화를 잘 몰라서 너를 오해했구나"라며 사과했다. 그러고는 전혀 예상치 못한 뜻밖의 부탁을 내게 해왔다. 그는 이렇게 다를 수밖에 없는 한국 문화를 다른 교사와 학부모들에게 좀 더 알려주고 싶다고 말했다. 그 학교에는 이미 68개국의 아이들이 다니고 있고, 그중 한국 학생도 꽤 많이 있는데 정작 한국에 대해서 모르는 것이 많다고 털어놓으며, "이번 기회에 학부모 교사 협의회(PTA) 회원으로 참가해서 한국 문화를 알려줄 수 있겠느냐"는 제안을 했다. '한국에서라면 이런 식으로 문제가 해결되기 어렵겠지' 하는 생각을 하면서 나는 흔쾌히 수락했다.

학부모는
제2의 교사

학교 교장선생님의 권유로 참여하게 된 PTA에서 전에 없던 경험을 여럿 할 수 있었다. 학부모가 교육 시스템의 한 주체가 되어 교육의 일부분을 담당할 수 있다는 점이 매우 신선했다.

PTA의 학부모들은 여러 가지 봉사 활동을 했다. 예를 들어 학부모들이 학교 근처 피자 가게와 협정을 맺고 피자를 무료로 받아 학생들에게 정가의 3분의 1 수준인 1달러에 판 다음, 모은 돈을 지역 내 자선단체에 학생들과 학교의 이름으로 기부하는 식이었다. 또 집에 있는 작아져 못 입게 된 옷과 생활용품, 책, 장난감 등을 모아 바자회를 열어 판매한 뒤 조성된 기금으로 학교 행사를 도와주거나, 학교에 필요한 물건을 사서 기부했다. 학부모들은 개인적으로 기부금을 내기보다는 이런 행사를 통해 봉사와 기부를 연결해 보여줌으로써 아이들에 대한 또 하나의 교육을 직접 담당하고 있었다.

학교를 대상으로 한 부모들의 봉사에는 유료 봉사가 있는가 하면 무료 봉사도 있었다. 유료 봉사는 대개 학교에서 필요로 하는 교사 대체 인력 또는 보조요원으로 활동하는 것이었다. 예를 들어 쉬는 시간에 학교 놀이터에서 학생들의 노는 모습을 지켜보거나 안전 지도를 담당하는 일, 또는 점심시간에 배식을 도와주거나 저학년 학생들의 식사를 도와주는 일 등이었다.

무료 봉사는 수업시간에 저학년 학생들이 책 읽는 것을 들어주는 일에서부터 PTA에서 주관하는 바자회 일손 돕기에 이르기까지 다양했다. 모두 학부모의 자발적인 참여를 바탕으로 교사의 교육 활동을 돕거나 학교를 지원하는 일이었다. 학부모들을 활동에 직접 참여하도록 함으로써 자연스럽게 학생 교육에 대한 책임을 공유하고, 학부모들에게 학교 교육 활동 전반을 공개하는 효과를 거두고 있었다.

당시 미국 교육에서 가장 인상 깊었던 점 중 하나는 교육청의 급식 지원이었다. 자체적으로 식당을 운영하기 어려운 소규모 공립학교의 경우 학생들에게 도시락을 싸오게 하는 대신, 교육청에서 직접 지역별로 만든 따뜻한 도시락을 냉·온장 시설이 갖춰진 특수 차량으로 점심시간에 맞춰 배달해주고 있었다. 학교는 이를 학생들에게 나눠주고 각자 편한 장소(체육관이나 강당 등)에서 먹도록 지도하기만 하면 되었다.

그 무렵 한국 학교에서 학생들의 식사는 당연히 '학생 개인이 집에서 도시락을 준비해오는 것'이었으니, 나에겐 이런 점심 풍경이 부럽게만 느껴졌다. 훗날 한가람고등학교에서 우리나라 최초로 직영급식을 시도한 것은 이때의 경험을 바탕으로 한 것이었다.

교장이
캉캉춤을 추다니

어느 해 6월, 아들이 다니던 미국의 초등학교에서 한 학년을 마치는 종강 행사를 했다. 날씨 좋은 6월이다 보니 종강일에 맞춰 학교 운동장에서 퍼레이드를 한다는 안내장이 왔다. 당일 학생들은 가급적 자기 나라의 고유한 옷을 입고 오면 좋겠다는 내용도 적혀 있었다.

처음에는 한국 학교에서 했던 방식대로 학생들에게 매스게임이라도 시키려나 보다 생각했다. 그런데 좀 이상했다. 우리 아이를 비롯한 학생들이 전혀 연습을 하지 않는 것 같았다. 나중에 막상 행사에 참석하고 나서야 의문이 풀렸다. 각기 다른 전통 의상을 입은 아이들이 학년별로 음악에 맞춰 운동장을 천천히 돌기만 했다. 따로 연습을 할 필요가 없었던 이유를 그제야 이해했다.

그리고 진짜 공연은 그 뒤부터였다. 아이들이 한 바퀴를 돌아 제자리로 돌아오자 교사들이 운동장 앞에 설치된 무대에서 아이들을 위한 공연을 시작했다. 가장 인상 깊었던 장면은 50세가 넘은 여자 교장선생님이 교사들과 함께 화려한 화장을 하고 무희복을 입은 채 캉캉춤을 선보인 것이었다. 다리를 번쩍 번쩍 들어 올리면서 서슴없이 함께 어울리는 그 모습을 보며, 아이들은 물론 학부모들까지 모두 즐겁게 박수를 보냈다.

그때 깨달았다. 교장의 권위는 스스로 내보이는 게 아니라 학생들과 학부모들이 인정해줄 때 생긴다는 것을, 교장이 캉캉춤을 춘다고 그 권위가 무너지는 것이 아니라는 것을.

사랑하는 아이들이 일 년간의 교육을 무사히 마친 것을 진심으로 축하해주고 싶어 하는 선생님들의 마음을 느낄 수 있었다. 그런 선생님들의 모습에 잔잔한 감동이 일었다. 교육은 말로 하는 것이 아니라 몸으로 실천하는 것임을 알게 됐다. 학생들에 대한 사랑은 권위를 통해 전달되는 것이 아니라 아이들에게 진심으로 다가갈 때 저절로 드러나는 것이라는 생각이 나의 마음 한편에 자리 잡았다.

한국에 돌아가기 싫다던
아들의 속마음

꽤 미국 생활에 적응했던 1990년 여름, 급히 서울행 비행기에 올라야 했다. 암으로 2년째 투병 중이던 아버지가 위독하시다는 전갈이 왔다. 암 투병 중에도 딸의 가족이 미국과 한국에 서로 떨어져 사는 게 안쓰러워 나에게 유학 간 남편을 따라 미국에 가라고 하셨던 아버지였다. 아버지께서는 여생이 얼마 남지 않으신 것을 아셨는지 돌아가시기 일주일 전 나를 방으로 들어오라고 하여, "엄마를 모시고 학교는 네가 해라"라고 마지막 유언을 남기셨다. 학교 교장 자리를 맡기신 것이다.

1990년 10월 26일 아버지의 장례를 치르고 다시 미국에 들어갔다가 이듬해 새 학기에 맞춰 한국으로 돌아오던 날, 아홉 살 난 아들이 갑자기 미국 디트로이트 공항에서 비행기를 타기 직전에 "아빠와 미국에서 살겠다"며 떼를 쓰기 시작했다.

남편은 아들에게 아빠는 공부를 해야 하기 때문에 너를 챙겨줄 수 없으니 엄마와 함께 한국에 먼저 가 있으라며 타일렀다. 하지만 아들은 막무가내였다. 울면서 "아빠, 나 라면 잘 끓일 수 있어. 내가 아빠 라면 끓여줄게. 아빠하고 살게 해줘"라며 매달렸다. 아무리 어르고 달래도 말을 듣지 않았다. 결국 발버둥치는 아들을 남편이 안아 게이트 안쪽으로 넘겨주고 나서야 상황이 끝났다.

어쩔 수 없이 비행기를 탄 아들은 그러고도 한참을 흐느꼈다. 그리고 얼마간의 시간이 흐른 뒤 "엄마, 내가 몇 살 되면 배낭 메고 미국에 혼자 갈 수 있어요?"라고 물었다. 그런 아이를 바라보며 "이 다음에 대학 들어가면……"이라고 달래줄 수밖에 없었다. 서울에 도착할 때까지 16시간 내내 비행기 안에서 나는 한국에 가기 싫다던 아들의 마음을 생각하고 또 생각했다. 이 아이는 왜 한국에 가기 싫었을까?

이유는 사실 짐작하고 있었다. 학교 때문이었다. 수업시간 내내 딱딱한 책상과 의자에 앉아서 칠판만 봐야 하고, 선생님 말씀만 그대로 따르라고 하는 한국 학교에 돌아가기가 싫었던 것이다. 학교가 끝나면 모두 학원으로 가는 아이들, 함께 학원에 다니지 않으면 놀 친구가 없는 한국 생활이 아이에겐 큰 괴로움이었을 것이다.

반면 미국 학교는 달랐다. 교실엔 책·걸상 외에도 여러 가지 교재와 교구가 있었고, 수업시간 중에 아이들이 자신이 관심 있

는 것을 찾아 돌아다녀도 왜 그러느냐며 혼내지 않는, 아이들의
의사를 존중해주는 교사가 있었다. 그런 학교에서 아이들이 훨씬
자유롭고 행복했으리라는 건 너무나도 당연했다.

국가 교육과정의 굴레

비행시간 내내 한국에 돌아가는 것이 아들에게 못할 짓을 하는 게 아닐까, 내 자식조차 가기 싫어하는 한국 학교의 교장이 되는 게 무슨 의미가 있을까 하는 의문이 머릿속을 떠나지 않았다. 이러저런 생각에 쉽게 잠을 이루지 못했다. 그러다 나름대로 내린 결론은, 내 아이도 가고 싶어 하지 않는 한국 학교의 문제점을 정확하게 찾아서 바꿀 수 있다면, 적어도 내 학교만이라도 바꿀 수 있다면 바꾸는 것이 마땅하다는 것이었다.

이후 교감, 교장 연수 과정을 통해 알게 된 교육법과 관련 규정, 지침, 심지어 교육 통계에 이르기까지 내가 구할 수 있는 모든 자료를 찾아보기 시작했다. 우리나라의 교육과정은 한마디로 '국가 주도'의 교육과정이다. 각 과목별로 1학년 때 몇 시간, 2학년 때 몇 시간 등이 전부 세세하게 정해져 있었다. 또 국가가 정해놓은 기준에 따라 만들어진 국정 또는 검인정 교과서를 통해 전체 초 · 중 · 고교 과정을 일관성 있게 통제하고 있었다. 게다가 교과서가 한 번 만들어지면 개정될 때까지 적어도 5년 이상 많게 는 10년까지도 사용해야 했다. 이 때문에 당시의 전산 관련 교과 서를 보면 XT 때 만들어진 교과서를 486 사용 시점까지 사용할 수밖에 없는 실정이었다.

당시 실업계 고등학교에서는 전공 관련 전문교과를 보통교과 와 함께 편성해야 했다. 이로 인해 보통교과 과목의 경우에는 대 학 진학을 목표로 하는 일반계 고등학교에서 사용하는 교과서를 똑같이 사용하면서도 주당 수업시수는 일반계에 비해 60퍼센트 수준으로 줄일 수밖에 없었다. 내가 초임교사 시절 경험했던, 일 반계 학교에서 주당 5시간씩 편성된 수학 수업시간이 실업계 학 교에서는 주당 3시간씩밖에 편성되지 않은 이유를 그제야 알 수 있었다. 일반계 학교에서 주당 5시간 수업하는 과목을 3시간으로 줄이고, 전문교과 과목까지 추가해서 가르쳐야 하는 실업계 학교 의 경우, 학생들이 한 학기에 이수해야 하는 과목 수가 무려 21과 목에서 많게는 24과목이나 되었다.

이것은 학생들에게 공부하기를 포기하라는 것이나 다름없었 다. 일주일에 1시간씩 배우는 과목의 경우, 다음 주에 들어가서 "지난 주 어디까지 공부했지?"라고 물으면 대답하는 학생이 거의 없는 것이 진짜 현실이었다.

3분의 1
'덜' 가르치자

이대로 그냥 두어서는 아이들이 학교에서 숨 쉬고 살아갈 수가 없겠다는 생각이 들었다. 무엇을 위한 교육인지, 누구를 위한 교육인지에 대한 회의가 밀려왔다. 영등포여상의 교장 직무대행으로 1991년 9월에 부임하면서, 교육과정을 고칠 수 있는 데까지는 고쳐보겠다고 작심했다.

목표를 정해야 했다. 그동안 관행적으로 지켜온 교과목 수와 수업시수를 효율적으로 바꾸는 데 중점을 뒀다. 또 시대에 뒤떨어진 교과서를 대체할 방법을 궁리했다. 세 가지 목표를 세웠다.

첫째, 유사과목을 통폐합하기로 했다. 당시 상업고등학교에서는 여러 가지 전문교과목을 가르쳤는데, 내용이 유사한 것(상업대요와 경영대요 등)이 많았다. 비슷한 과목은 통폐합해서 가르치기로 했다. 수박 겉핥기 식으로 이것 조금, 저것 조금 해서는 제대로 가르치기도, 배우기도 어려웠다. 총 이수 교과목 수를 줄여야 수업의 내실을 기할 수 있었다.

둘째, 학년별 교과목 배분을 바꿨다. 교과목에 따라서는 꼭 3년에 걸쳐 천천히 가르치지 않아도 되는 것이 많았다. 일반교과와 전문교과를 가리지 않고 학습이나 학생의 발달에 영향을 주지 않을 과목들을 골라내서 '몰아 가르치기'를 시도했다. 예컨대 3년간 매주 1시간씩 들던 윤리수업을 1학년 때 매주 3시간씩 가르치고, 2학년과 3학년에는 개설하지 않는 식이었다. 이처럼 수업을 집중 배치하면 학생과 교사 모두 오히려 더 수업 내용에 집중할수 있으리라고 여겼다.

셋째, 낡아서 현실에 맞지 않는 교과서를 과감하게 교체했다. 정해진 교과서보다 더 가르치고 배우기에 알맞은 교재가 있다면 바꾸지 않을 이유가 없었다. 특히 전산 관련 교과서는 빠른 기술 발전을 전혀 따라가지 못하고 있었다. 우선 컴퓨터를 최신 기종으로 대체하고, 컴퓨터 사용설명서와 프로그램 이용 매뉴얼을 교과서로 삼아 실습시간을 확보해서 가르쳤다.

그 결과는 어땠을까? 유사과목 통폐합과 학년별 교과목 집중 배치의 결과로 학생들이 배우는 주당 과목 수는 총 24과목에서 16과목으로 확 줄었다. 순조롭지는 않았다. 일부 교사들이 반발했다. 3개 학년에 걸쳐 편성된 과목을 한 학년에 집중 배치하면 해당 과목 교사가 특정 학년의 담임교사로 고정된다는 것이었다.

또 시대에 뒤떨어진 교과서라도 교사가 임의로 가르치지 않으면 국가가 시행하는 자격증 시험에서 학생들이 불이익을 볼 수 있다고도 했다. 듣고 보니 일리 있는 지적이었다.

교사들과 협의를 거쳐 해당 학년을 가르치지 않는 교사도 학급 담임을 할 수 있게 배치했다. 또 교과서를 전혀 다루지 않았을 때 생길 수 있는 문제를 해소하기 위해 전산처럼 자격증 취득과 관련된 전문교과는 수업을 실기시간과 이론시간으로 나눠서 이론시간에는 교과서를 배우게 하고, 실기 시간에는 최신 기종의 컴퓨터 활용 능력을 익히는 것으로 결론지었다.

이 과정에서 교사와 교과서 간의 관계를 깨달을 수 있었다. 교과서에 상당히 많은 문제점이 있다 하더라도, 교사 입장에서 국가 교육과정 체제의 틀을 벗어나는 것은 결코 쉬운 문제가 아니었다. 교과서를 벗어나는 순간 책임져야 하는 것들이 적지 않기 때문이다. 교장인 나도 내가 책임질 테니 이렇게 하자고 할 수 있는 재량권이 없었다. 한국 교육이 창의성을 발휘할 수 없도록 하는 가장 큰 이유 중 하나였다.

평준화된 국가 교육과정 체제는 한국의 성장 요인이었다. 그것을 부정하지는 않는다. 해방 후 곧바로 6·25 동란을 겪고 잿더미 위에서 맞이한 산업화 시기에 일정 수준의 인재를 빠르게 키워내 공급할 수 있었던 이 시스템은 국민들의 높은 교육열과 맞물려

놀라운 성장의 밑거름이 되었다. 하지만 급격하게 변화하고 발전하는 사회에서는 그것이 오히려 교육의 발목을 잡게 된다. 미래 사회가 요구하는, 그리고 그러한 시대에 적응할 수 있는 인재를 키우려면 새로운 교육체제가 필요했다.

스스로 학교 몸집을
줄이다

학생 수가 급격하게 줄어드는 것도 상업고등학교에는 또 다른 위기 요인이었다. 최근 학령인구가 감소하면서 일부 대학 등에서 정원을 채우지 못해 비상이 걸렸다고 한다. 대학이 학생 수가 줄어든다며 고민하기 시작한 것은 2010년대부터다. 하지만 실업계 고교 진학자 수는 이보다 훨씬 빨리, 20년 전인 1990년대부터 감소하고 있었다.

여러 요인이 동시에 작용했다. 1980년대까지는 도시화와 산업화 과정에서 도시로 유입되는 인구수가 계속 증가해 실업계고 학교 수와 학급 수가 동시에 크게 늘어났다. 하지만 1990년대 이후 가구당 자녀 수가 감소하고, 가구 소득이 늘어나면서 실업계고에 대한 선호도가 크게 떨어지게 됐다. 자녀 수가 한두 명인 부모들은 귀한 아이를 어떻게든 대학에 진학할 수 있는 인문계고에 진학시키고 싶어 했다. 또 종전에는 금융회사들이 고졸 여행원 취업 제도를 두고 있어 금융사 취업을 희망하는 학생들이 상업고등 학교를 선택하곤 했는데, 이 제도가 사라진 것도 결정적이었다.

이런 사회적 이유로 인해 교장을 맡은 지 얼마 되지 않아 1992 학년도 2부 야간학급에서부터 입학 지원자 수가 정원에 미달하는 사태가 벌어졌다. 당시 교사들은 주변에 새로 생긴 상업고교들 때문이라고 했다. 그러나 교육부에서 제작하는 교육 통계를 찾아보니 다른 이유가 보였다.

1980년대 이후 국가가 실업계고 대 인문계고 비중을 50 대 50 으로 유지하는 정책을 쓰면서 실업계고 수가 급격히 증가했다. 반면 실업계고로 진학하려는 학생 수는 점차 줄고 있었다. 더불어 출산율이 낮아지면서 2000년대에 이르면 고등학교에 입학하는 학생 수 자체가 절대적으로 줄어들게 된다는 사실을 확인할 수 있었다. 엎친 데 덮친 격으로 실업계고 졸업생에 대한 취업문이 좁아지고 있었다.

실업계고로서 기업에서 요구하는 일정 수준의 업무 능력을 갖춘 인재육성이라는 설립 목적을 이루고 정상적으로 학교를 운영하려면 학급 수를 줄여야 했다. 우선 2부 야간학급(학년당 10학급씩 총 30학급)을 폐지해서 학생을 모집하지 않기로 했다. 이어 주간학급도 학년당 15학급(총 45학급)인 것을 점차 줄여 나가기로 했다. 전체적으로 학생 수가 줄어든다는 추세에 발맞추는 것도 있었지만, 이보다 앞서 학급 수를 줄여야만 학교 교육의 질을 유지 발전시킬 수 있다고 내다봤다. 1997년까지 모집인원을 학년당 6학급까지 줄이기로 했다. 그러면 이들이 3학년이 되는 1999년에 18학급(학년당 6학급)이 완성될 수 있었다. 이러한 구상에 맞춰 교육과정 10년 계획을 짜기로 했다.

이제 와서는 몇 줄 글로 적어 넣을 수 있는 일이지만, 75학급짜리 학교가 앞으로 10년 후의 상황을 감안하여 스스로 18학급짜리 학교로 규모를 줄인다는 것은 결코 쉽지 않은 일이었다. 일단 교사 수급을 마음대로 조절할 수가 없었다. 특히 우리 학교는 사립학교로서 정부 지원을 받지 않고 등록금 수입에 의존해 학교를 운영하고 있었기 때문에 학급 수 감축, 곧 학생 수 감축은 재정적으로 어려워질 가능성을 동반하고 있었다. 그러나 '급변하는 사회변화에 적응할 수 있는 실업 인력, 학교의 명성을 지킬 수 있는 능력과 태도를 갖춘 인재육성'이라는 설립 철학에 따라 교사들의 직장을 지키고, 졸업생과 학교의 명예를 지키는 학교로 길이 남기 위해서는 학급을 줄인다는 것 외엔 다른 방도가 없었다.

가장 먼저 한 일은 학급 감축과 학과 변경에 따른 교과담당 교사 수급계획을 세우는 일이었다. 5년간 학급 수와 학과 변경에 따른 교사 수급계획을 수립하고, 그다음 해에도 이어 5년 계획을 세우는 식으로 해마다 5년 단위 교육과정을 편성해서 교사 수급 계획을 세웠다.

본인 의사에 의하여 자연 퇴직으로 발생하는 교사(해마다 약 5~7 명)는 충원하지 않았고, 교과당 필요한 교사 수보다 재직인원이 넘치면 해당 교과목 교사들로부터 신청을 받아 다른 교과를 가르칠 수 있도록 재교육이나 연수 등을 최대한 지원했다. 그리고 학급 감축이나 폐과에 해당하되, 교사평가에서 우수한 평점을 받은 교사는 순서를 정하여 공립학교 공채 기회가 있을 때를 대비해 준비하도록 격려했고 공립학교로 전출할 수 있게 적극 도왔다. 이렇게 해서 1992년부터 3년간 32명의 교사가 공립학교로 직장을 옮겼다.

이처럼 모든 인사 관련 내용은 공개적으로 진행했다. 학과가 변경되는 부분이 많았기 때문에, 학생을 가르치는 데 소홀함이 없도록 최신 기자재를 최우선으로 구입하는 것도 잊지 않았다. 결국 우리 학교가 스스로 구조조정을 시작한 후 3년이 되자 공립학교도 과원(인원 초과)이 되어 더 이상 사립학교 교사를 대상으로 공채를 시행하지 않게 되었다. 다행히도 우리는 먼저 준비를 했기 때문에 수십 명의 교사가 교직을 지킬 수 있었다.

당시 학교법인 이사장이셨던 어머니는 이러한 내 결정과 운영 방식을 흔쾌히 받아들여주셨다. 연세가 여든에 가까우셨던 어머니였기에, 일제 치하와 한국전쟁, 국가 부흥 시대를 경험하면서 사회가 다른 방향으로 바뀌어가는 것을 감지하고 계셨기 때문이 아니었을까 짐작된다. 그런 어머니의 통찰력과 추진력을 지금도 존경하고 자랑스럽게 생각하고 있다.

학령인구가 줄면서 2021학년도부터 대학입시 지원자 수가 대입
정원을 크게 밑도는, 대규모 미달 사태가 본격화할 것이라는 보
도가 있었다. 고교 재학생 수는 2015년 186만여 명에서 2020년
138만여 명으로 급감할 예정이다(다음 페이지 표 참조). 교육부에서
대학 구조조정에 많은 재정과 인력을 쏟아 붓고 있지만 대학마다
입장이 달라 의도한 대로 진전이 이뤄지기는 쉽지 않아 보인다.
더욱이 대학 하나를 폐교하는 것은 지역 경제에까지 큰 영향을
미쳐 사회적으로도 많은 부작용을 낳을 수 있다.

나는 영등포여자상업고등학교에서 교장으로 근무하는 동안
10년에 걸쳐 사회의 변화와 현실의 요구에 따라 학급을 감축하고
학과를 개편하는 작업을 단행했다. 마지막에는 학교의 유형까지
바꿨다. 이때 내가 견지한 일념은 '학교의 설립 목적을 구현하는
것만이 학교가 나아가야 할 정도(正道)'라는 것이었다.

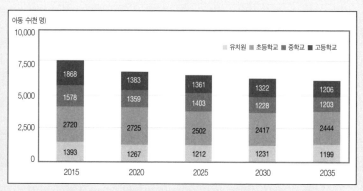

아동 수(천 명)

	2015	2020	2025	2030	2035
고등학교	1868	1383	1361	1322	1206
중학교	1578	1359	1403	1228	1203
초등학교	2720	2725	2502	2417	2444
유치원	1393	1267	1212	1231	1199

● e-나라지표 학령아동 변동 추계(2018년 4월 통계청이 작성한 '전국 장래 인구 추계' 데이터)
출처: http://www.index.go.kr/potal/main/EachDtlPageDetail.do?idx_cd=1519

실업계 고등학교로서 실업 인력을 육성하는 것이 학교의 설립 목적이었으므로, 산업사회 변화에 발맞춰 시대가 요구하는 인력을 육성하고 학생과 학부모가 기대하는 졸업 후 진로에 대해서도 학교가 마땅히 책임져야 한다고 생각했다. 그래서 학급 수를 줄이고 학과를 개편하면서까지 기업과 학생, 학부모 모두의 기대를 충족할 수 있도록 최선의 노력을 다했던 것이다.

이 과정에서 이해 당사자들로부터 많은 공격과 지탄을 받기도 했지만, 20여 년이 지난 지금 와서 생각해도 그때 했던 일이야말로 내가 살면서 벌였던 수많은 일들 가운데 가장 잘한 일 중 하나라는 생각이 든다. 그때 계속 학급 수를 그대로 유지하고 기존의 학과를 고수했다면 학교와 교사, 학생 모두에게 더 큰 피해가 돌아갔을 것이라고 확신한다.

아파트 3채 값 들여서 산
신형 컴퓨터

학교 규모를 4분의 1로 줄이면서 기존의 낡은 학과 체계를 바꾸는 작업도 함께 했다. 우선 기존의 상업과를 없애고 정보처리학과를 확대했다. 그 뒤로도 다시 정보처리학과를 감축하여 사무자동화과를 개설하고, 상용영어과를 신설했다.

정보처리학과는 전산 프로그래밍 능력 개발을 목표로 하는데, 실제 고등학교 단계에서 해당 분야의 전문 능력을 키워주는 데는 한계가 있었다. 그보다는 기업이 실업계 고등학교 출신 인력에게 요구하고 있는, 전산 사무자동화 기기를 능숙하게 다루는 능력을 갖추도록 하는 것이 더 중요하다고 생각하여 사무자동화과를 개설했다. 이와 함께 정보처리학과를 감축하는 대신 상용영어과를 신설했다. 전산 사무자동화 기기를 잘 다루기 위해서는 영어로 된 관련 용어를 잘 알아야 했다. 그래서 우리나라에서 처음으로 상용영어과를 만들게 된 것이다.

이 과정에서 느낀 것은 학과 체제를 변경하는 것도 어렵지만, 새로 개설하는 교과를 가르칠 교사를 구하는 일이 훨씬 더 어렵다는 점이었다. 1990년 중반 서울 소재 대학의 전산 관련 학과 수석 졸업자를 교사로 채용하기 위해 인터뷰를 하기도 했다. 하지만 막상 그가 "대학에 다니는 동안 486 컴퓨터를 한 번도 배우거나 사용해본 적이 없다"고 하기에 뽑지 못하고 포기해야 했다.

학생들이 컴퓨터를 제대로 다룰 수 있도록 하려면 실습이 필수였다. 486 컴퓨터 한 교실 분(60대)을 1억 5,000만 원에 사들였다. 1985년 목동아파트 35평형 분양가가 4,500만 원 정도였고, 1990년대 초 1억 원 정도에 거래됐던 것을 생각하면 적잖은 규모의 투자였다. 교사에게 먼저 486 기종 사용 매뉴얼을 익히게 한 뒤 학생들을 가르치게 했다. 컴퓨터 기종이 좋아지니 학생들이 컴퓨터를 익히는 데 걸리는 시간도 상당히 줄어들었다. 종전까지 학생들이 컴퓨터 기본 활용 능력을 익히는 데 2년쯤 걸렸다면, 486 실습실을 갖춘 뒤로는 한 학기(6개월)면 충분했다. 배우는 데 필요한 기간이 크게 단축됐다.

그렇게 배운 학생들이 졸업을 해서 취업을 한 이후에야 대기업의 과장급 직원들 컴퓨터가 486으로 교체되기 시작했다. 486 컴퓨터 활용 능력을 이미 갖추고 입사한 우리 학교 졸업생들이 각 회사에서 크게 각광받은 것은 지극히 당연한 일이었다. 졸업생들이 학교를 찾아와 "회사에서 컴퓨터 실력이 좋다는 칭찬을 받았다"라거나 "상급자들이 컴퓨터 사용법을 되려 물어보곤 한다"며 자랑하는 모습을 볼 때면 뿌듯했다.

교육이 시대를 앞서가야 하는 이유가 바로 여기에 있다. 학교에서 배우고 익힌 능력으로 아이들은 미래 사회를 살아가기 때문이다.

10년도 못 간 오락가락 실업계고 정책

학교는 유형별로 각각의 설립 목적이 있다. 그 설립 목적을 구현하기 위해 부단히 노력할 때 성공적으로 살아남을 수 있다. 하지만 1990년대 들어 사회 전체가 대학 진학의 열풍에 휩싸였다. 적지 않은 실업계 고등학교들이 스스로 설립 목적을 내팽개치고 대학 진학을 위한 편법적 수단이 되기를 자처했다.

이런 가운데 1995년 일본 학교 시찰을 다녀오게 됐다. 일본 사립학교들은 한국과 비슷하면서도 다르다. 일본에는 국가가 평준화 정책으로 묶어 발생한 수업료 부족을 재정결함보조금이라는 명목으로 지급해서 사립학교의 재정을 메워주는 정책이 없다. 따라서 일본의 사립학교는 각자 살아남기 위해 반드시 학생 모집에 성공해야 한다. 사회의 변화를 빨리 읽고 적응해 나가야 학생 모집에 성공할 수 있는 것이다.

게다가 일본은 우리보다 앞서 1980년대부터 실업계고 진학 학생 수가 급격히 감소하는 현상을 겪고 있었다. 우리보다 10여 년이나 빠르게 진행되는 중이었다. 이들은 어떻게 대응했을까? 우선 많은 학교가 학교의 이름을 바꿨다. 1980년대부터 대부분의 학교가 실업계라는 표현을 학교 이름에서 빼고, 기존 실업계 학과를 일반계 학교 보통과정으로 조금씩 늘려 바꾸며 적응기간을 가졌다. 예를 들면 실업계 10학급씩 30학급짜리 학교를 첫해에는 실업계 학과 8학급에 보통과 2학급으로, 2년 후에는 다시 실업계 학과 6학급에 보통과 4학급으로, 이렇게 10년에 걸쳐 실업계 학교를 일반계 학교로 전환하는 과정을 거쳐 살아남았다. 일본의 교사 정년은 60세다. 당시 기준으로 보면 정년이 65세인 한국에 비해 교사 수급을 조정하기가 상대적으로 쉬운 이점도 있었다.

일본이 시대 변화에 적응해가던 1980년대에 우리는 오히려 실업계고 대 인문계고 비중을 동일하게 하는 정책을 도입하여 실업계 학교를 늘렸다. 1990년대 들어 실업계 고등학교는 대폭으로 늘어난 반면 실업계 진학을 희망하는 학생들은 줄어 실업계 고등학교들이 운영난을 겪게 되자, 교육당국은 대학의 수와 정원을 늘리고 실업계 교과목을 대입 수학능력시험의 선택과목으로 채택했다. 실업계고를 졸업한 후 곧바로 대학에 진학할 수 있는 길을 열어주는 것으로 혼란을 수습하려 한 것이다. 당연히 대학도 수요에 맞추기 위해 설립 준칙주의에 따른 일정 요건만 갖추면 설립할 수 있게 했다. 상황이 이렇게 되자 당시 실업계고들이 중학교에 가서 '실업계고를 졸업하면 대학에 쉽게 갈 수 있다'며 입학생을 모집하기에 이르렀다. 웃지 못할 진풍경이었다. 하지만 이는 실업계 고등학교가 당면한 위기를 해결해줄 수 있는 해결책이 아니었다. 오히려 실업계 고등학교의 위기를 심화시키는 것에 불과했다.

실업계 고등학교 졸업 후 직장을 다니면서도 필요할 시 언제든지 고등교육을 받을 수 있게 기회를 제공하는 것은 매우 고무적이고 국가적으로도 장려해야 할 일이다. 하지만 실업계 고등학교의 설립 목적을 뒷전으로 한 채 대학입시 체제를 바꿔서 대응하려한 것은 국가적으로나 사회적으로나 분명 잘못된 결정이었다. 이 때문에 십여 년 후인 2000년대 후반에는 산업체에서 필요로 하는 기능 인력을 공급하기 위한 마이스터고를 도입, 특성화 고등학교 졸업생 취업 비율에 따른 국가 지원 등과 같은 정책이 도입되기도 한 것이다.

결국 10년 앞을 내다보지 못하는 교육정책으로 인해 10년 후 학교 현장의 혼란을 초래하고, 이를 수습하기 위해 내세운 방책이 또 다시 학교의 설립 목적과 기능 및 역할을 해침으로써 교육당국은 물론 학교에 대한 불신을 초래하는 결과만 낳은 꼴이었다. 1990년대 후반의 혼란으로부터 20년이 지난 지금, 우리나라의 대학들은 불어난 몸집을 감당하지 못해 존폐의 위기를 맞고 있는 중이다. 100년은 아니더라도 10년이라도 앞을 내다보고 국가의 교육정책을 수립한다면, 지금보다는 훨씬 국민으로부터 신뢰받는 것은 물론 국가의 재정 또한 효율적으로 관리할 수 있지 않을까.

수시로 담당자가 바뀌는 교육공무원들

10여 년 전쯤 한 교육 관료가 인구가 줄어든 지방의 초등학교 폐교 문제로 어려움을 겪고 있다는 토로를 한 적이 있다. 당시 나의 조언은 이러했다.

통계자료에 근거하여 학령별 인구를 조사하면, 초등학교 입학생부터 대학 입학 대상자까지를 해마다 유추할 수 있다. 그렇게 하면 초등학교 1학년부터 고등학교 3학년까지 매년 학년별 예상 학생 수를 20년간 추정할 수 있다. 이러한 학생 수급계획을 감안하여 각 학교에 대한 수요 판단과 교사 수급계획을 미리 만들어야 한다. 이 과정에서 교육과정 개편 계획과 학교 체제 개편안도 만들어야 한다. 그래야 학교 통폐합 뿐 아니라 지역이나 사회 변화에 따른 다양한 학교 형태(예를 들면 유아교육과 초등학교 저학년을 위한 소규모 학교, 초·중·고 일관학교, 중·고 통합학교 등)를 고민할 수 있다.

또 미래 사회를 준비하기 위한 교육과정이 마련되어야 한다.

그래야 교사양성 체제까지 변화를 이끌어낼 수 있다. 적어도 통계적으로 예측 가능한 20년은 앞을 내다보고 학생, 학교, 교사에 이르기까지 장기적인 교육계획을 수립할 수 있어야 한다. 그렇게 교육의 기본 틀을 바꿔야 현재와 같이 과거의 학교가 미래의 아이를 길러내는 우를 범하는 것을 막을 수 있다고 강조했다.

하지만 그때 그 교육 관료는 나에게 이렇게 말했다. "내가 이 자리에 몇 년이나 있을지 보장이 없습니다. 당장 내일 바뀔지, 6개월 있다 바뀔지, 1년 있다 바뀔지 아무도 모르는데, 10년, 20년을 내다보고 계획을 세우는 것은 할 수도 없고, 의미도 없습니다."

어쩌면 이게 정답일지 모른다. 우리의 교육 관료 시스템에서는 교육지대계 100년은 차치하고 10년을 내다보고자 하는 것도 불가능하다는 것을 여실히 알 수 있게 해주는 말이었다. 그때그때 보여주기 실적 위주로, 돈으로만 때우는 교육정책은 없느니만 못하다. 학교 현장은 재정지원을 받을 때에는 뭐라도 하는 시늉을 내지만 정책 담당자가 바뀌거나 정책이 바뀌어 재정지원이 끊기면 갈팡질팡 갈 길을 잃는다.

사실 교육 현장에 있는 사람들은 이러한 정책기조가 바뀌기를 깊이 바라고 있다. 한가람고를 세웠을 때 방문했던 수많은 현직 교사들은 "우리도 한가람고 같은 학교에서 근무하고 싶다"며 아쉬워했다. 학부모들도 "한가람을 설립해주셔서 고맙다"며 응원

했다. 미래를 내다보지 못하고 오락가락하는 교육정책은 변화를 원하는 현장의 간절함을 듣고도 못 들은 척, 보고도 못 본 척 하는 것이나 마찬가지다.

국가가 모든 학교를 통제하려는 생각을 버리고 학교에 운영 자율성을 보장했더라면, 사립학교들이 자연스럽게 사회 변화에 발맞춰 살아남기 위한 노력을 했을지도 모른다. 국가가 평준화 정책을 시행하면서 재정결함보조금을 지원해줬고, 현재까지 그 보조금을 받고 운영해온 대부분의 사립학교들은 자율성을 상실한 상태다. 그러지 않았더라면, 자율성이 보장된 공간에서부터 한국 교육이 다른 방향으로 발전되었을지도 모른다는 아쉬움이 남는다.

새로운 학교를
꿈꾸다

나는 영등포여상을 내 딸도 다니고 싶어 하는 학교로 만들고 싶었다. 하지만 현실적 한계가 명확했다. 아무리 학과를 변경하고 학교 체제를 바꿔도 기존 학교를 바꾸는 데는 한계가 있었다. 1999년까지의 학교 구조조정 계획은 수립했지만 9년 전 미국에서 16시간 동안 비행기를 타고 오면서 생각했던 '내 자식도 보내고 싶은 학교'와는 분명 거리가 있었다. 결국 실질적으로 '달라진 교육'을 만드는 것은 교사들의 몫이었다.

1995년 5월의 어느 날, 교장실 창밖에 라일락이 흐드러지게 피었을 때였다. 창밖을 내다보면서 지난 일을 돌아보니 어디까지 더 나갈 수 있을까 하는 회의가 들었다. 귀국 당시 생각했던 이상적인 학교에 대한 목표와 포부가 100이라고 할 때, 아직 50도 채 이루지 못한 상태였다. 개혁의 방향은 맞았다. 기업과 학부모들로부터 학교의 노력도 인정을 받았다. 무엇보다 영등포여상에 다니고 있는 학생들의 얼굴이 밝아진 것은 큰 위안이었다. 하지만 그것만으로는 부족한 게 많았다.

그때 과거 몇 년 동안 경험했던 미국 학교의 모습이 떠올랐다. 교육철학과 설립 목적이 분명한 학교, 미래를 내다보고 준비하는 학교, 교장과 교사가 권위를 내려놓고 학생·학부모와 자유롭게 소통하는 학교, 아이들을 위한, 아이들에게 필요한, 아이들이 필요로 하는 교육을 늘 고민하고 실천하는 학교. 순간 그 자리에서 생각나는 대로 다섯 페이지 분량의 내가 꿈꾸는 새로운 학교에 대한 교육계획서를 만들어보았다. 핵심적인 내용은 다음과 같다.

첫째, 학생들이 배우고 싶은 과목을 선택하게 하자. 학생들이 배울 과목을 선택하게 되면 학급 단위의 시간표는 만들어질 수 없다. 교과별로 학습 집단이 달라질 수밖에 없기 때문이다. 교사 초임시절 늘 생각해왔던 어려운 수학교과 수업 집단은 수준별로 또는 학생 수를 줄여 작은 학습 집단으로 편성할 수 있을 것이다.

둘째, 교과교실제를 하자. 교과별로 학습 집단이 달라지면 결국 교사가 교실에 상주하고 학생들이 이동하는 교과교실제가 될 수밖에 없다. 교사라면 누구나 꿈꾸는 내 교실을 가질 수 있을 것이다.

셋째, 교사들을 바꾸기가 어렵다면 스스로 바꿀 수 있도록 동기를 부여하자. 그래서 교사평가를 하자. 학생의 과목 선택은 자연스럽게 교사평가로 이어지고, 이것은 교사들로 하여금 학생들을 위한 교육이 뭔지 고민하게 만드는 요인으로 작용할 것이다.

결국 성적을 잘 받기 위해 학생들이 경쟁하는 학교가 아니라 더 잘 가르치기 위해 교사들이 경쟁하는 학교의 역동성이 절실히 필요하다는 생각이 들었다.

학생의, 학생을 위한,
그리고 교사를 위한 교사평가

영등포여상에서 교사평가를 시행했다. 2부제로 운영되던 1992년 당시엔 교감이 총 3명이었다. 이들에게 의뢰하여 교사들을 평가했다. 그러나 결과가 만족스럽지 않았다. 실제 학생들의 시각이나 내가 접한 교사들에 대한 평가와는 상당히 거리가 먼 결과가 나왔다. 다음 해에는 교사평가에 부장교사들을 참여하도록 했다. 그랬더니 기대했던 객관적인 평가 결과가 아니라 친소 관계를 반영한, 편 가르기 식의 평가 결과가 나왔다. 그래서 고민 끝에 그다음 해에 도입하게 된 것이 수업에 대한 학생 만족도 조사였다.

방법은 전교생 4,500명 중 평가 당일 방송을 통해 각 반의 특정 번호 학생들을 강당으로 모이게 했다. 예컨대 1번대 학생들을 지칭하여 각반의 1번, 11번, 21번, 31번, 41번, 51번, 61번을 강당으로 모이게 했다. 이렇게 전교생의 10퍼센트 정도를 모아놓고 준비된 10~20개 문항에 대한 조사를 실시했다. 자신이 배우는 모든 선생님들에 대해 5점 척도로 평가를 하게 한 것이다. 전교생 4,500명 중 10퍼센트에 해당되는 450명가량의 학생들이 평가한 결과를 통계내어 보니 평소 내가 직접 보고 들어 알고 있던 교사들에 대한 평가와 거의 정확하게 일치했다. 이후부터 평가일이 되면 교사들이 긴장하는 것을 느낄 수 있었다. 평소 학생들을 대하는 태도와 모습도 조금씩 달라지고 있었다.

설문조사에 학생을 참여시키면서 얻게 된 또 다른 성과도 있었다. 학생들이 평가 설문지를 통해 일부 교사의 심각한 폭력 행사를 교장에게 알려온 것이다. 학생들이 서술한 교사의 폭력은 현재는 물론 당시로서도 용납할 수 있는 수준이 아니었다. 오랜 세월이 지난 지금 떠올려도, 자식을 둔 부모의 입장에서 듣기에 너무나 가슴 아픈 이야기였다. 그때 더욱 화가 났던 것은 많은 교사들이 그런 일이 벌어지고 있는 것을 알면서도 서로 쉬쉬하면서 동료교사의 폭력을 덮어주고 있었다는 사실이었다. 나는 엄청나게 분노했고, 전체 교직원회의에서 무섭게 경고했다. 구두 경고 후에도 지속적으로 학생을 괴롭혀 수업 중 병원으로 학생을 후송하게 한 교사 한 명으로부터는 기어이 사표를 받아냈다.

요즘처럼 스마트폰이나 인터넷이 발달한 시절도 아니었고 교사의 권위가 무조건적으로 존중되던 시절의 부작용이었다고 생각한다. 이 일을 계기로 교사들과 직접 소통을 하기 위해 교장실부터 없앴다. 교장실을 독립적으로 따로 만드는 대신 규모를 줄이고, 행정실 한편 유리벽으로 개방된 곳에 마련해두는 것으로 변화를 꾀했다.

그러나 20여 년 이상 지난 요즘 교사의 학생들에 대한 인권 침해보다 교사에 대한 학생과 학부모의 교권 침해 뉴스가 많아지는 걸 보면서 새삼 세월의 흐름을 절감하고 있다.

지금과는 다른 학교를 만들기 위해

1995년 지금까지와는 다른 학교를 꿈꾸며 새로운 학교에 대한 교육계획서를 만들긴 했지만 구체적인 실현계획과 방안은 마련하지 못하고 있는 나날이 지속됐다. 이런 상황에서 서울이 아닌 지방에서 나 대신 새로운 학교를 만들어보겠다는 제안을 받았다. 사연은 이러했다.

우연한 계기로 당시 교육개혁위원회 전문위원을 영등포여상으로 초청해 특강을 열었는데, 특강 후 이야기를 나누던 중 새로 만들려는 학교의 교육계획서를 보여주게 되었다. 그는 교육개혁위원회에서 새로운 모형의 이상적인 학교를 세우려 한다며 담당 전문위원을 맡고 있는 한 교수를 소개해줄 테니 만나 보라고 주선했다. 그렇게 만나게 된 그 교수님은 "평준화 지역인 서울에서는 새로운 학교를 하기가 어려우니 지방(비평준화 지역)에서 해야 한다"는 말을 했다. 그러면서 계획서를 자신에게 주면 실행에 반영해 보겠다고 제안했다.

호의적인 반응이긴 했지만 내 생각은 달랐다. 내가 구상한 새로운 학교의 교육과정을 적용하는 것은 그리 간단한 일이 아니었다. 교육부와 교육청의 지침대로 문·이과로 나누어 정해진 교육과정을 적용해야 하는 학교 구성원들이 '왜 이런 학교를 해야 하는지'에 대한 확고한 신념과 철학을 제대로 공유하지 않는다면, 차별화된 학교 운영과 관련해 국가와 교육당국으로부터 받게 될 어려움을 극복할 수 없으리라는 점이 뚜렷했다. 어려움에 부딪힐 때마다 왜 이런 학교가 필요한지에 대한 교육철학 없이 적당히 변형해 적용하면서 교육청과 타협한다면, 결국 이상과 현실의 차이만 느낀 채 새로운 학교에 대한 실험은 실패로 끝날 것임이 분명했다.

첫 단추를 잘 꿰어야 했다. 새 학교 모형이 공개되고 누군가 그것을 시범 운영하다가 실패하면 이후 내가 이 학교를 시도해볼 기회마저 사라지게 될 터였다. 제안은 감사했지만 정중하게 거절할 수밖에 없었다.

당시 내가 구상한 새로운 학교 교육철학의 핵심은 다음과 같다. 학교의 중심에는 교장이나 교사가 아닌 학생이 있어야 한다. 학교는 교육과정을 운영하지만 교육과정은 학생 스스로 선택하게 해야 한다. 그리고 학생의 교육과정 선택을 실질적으로 보장하기 위한 교육 방법으로 교과교실제와 교원평가를 실시해야 한다. 교원평가에 의해 교사를 임용하고, 제반 결정 과정에서 절차의 투명성과 공정성을 확보하기 위해 필요하다면 학교운영위원회를 만들어 운영하며, 이를 통해 거꾸로 교육당국으로부터 자율적이고 민주적인 학교 운영권을 확보해야 한다.

하지만 당장의 현실은 녹록하지 않았다. 나 스스로도 2000년 이후에나 이 새로운 학교 설립이 가능할 거라는 막연한 희망을 품었다.

20년을 앞서 나간 혁신,
한가람고등학교

안 된다는
근거 있나요?

■　늘 목말라했던 새로운 학교의 시작인 한가람고등학교는 그러나 21세기가 되기 전, 1997년 개교했다. 내가 생각했던 것보다도 몇 년 더 빨리 성사됐다. 그 배경엔 1996년 간선제 선거에서 당선된 유인종 교육감(1996~2004년 재직)의 결단이 있었다.

유 교육감과는 일면식도 없는 사이였지만 그가 당선된 후 1996년 10월 면담을 요청하고 직접 찾아가 새로운 학교의 설립 계획서를 보여줬다. 전직 교육학과 교수였던 유 교육감은 계획서를 보자마자 본인이 해보고 싶었던 학교라며 호응해줬다. 지금 생각해 보건대, 관료 출신이 아닌 교수 출신이고 교육감이 된지 얼마 되지 않았기 때문에 가능했던 일이다.

내가 말했다. "교육감님이 학교 설립을 허가해주시면 저는 이 학교를 서울에서 설립해 운영할 생각입니다. 다만, 내년 3월에 개교를 하려면 학생 배정 등을 감안해야 하니 열흘 안에 승인해

주셔야 합니다."

교사 신축 없이 곧바로 개교를 밀어붙일 수 있었던 것은 학급 감축으로 당시 영등포여상의 교실과 건물 절반 이상이 비어 있었기 때문이다. 그러자 유 교육감은 흔쾌히 동의하면서 학교 설립 승인 신청서류를 접수하라고 했다. 1997년 3월 1일 개교를 목표로 일을 추진하기 시작했다.

하지만 예상했던 대로 교육청의 실무진들이 반대를 했다. 법에 없는 학생 선택 중심의 교육과정을 운영한다는 이유에서였다. 법에 근거한 것도 아니고, 평준화 상황에서 실제 운영 사례도 없는 학교를 세워서 운영하다가 실패하면 누가 책임을 지느냐고 했다. 일리 있는 걱정이었다.

그러나 나는 고집부리면서 그들을 설득하고자 노력했다. "불가마에 넣어 도자기를 굽다 보면 금이 가거나 찌그러지는 등 애초 계획대로 안 나올 가능성은 언제나 있습니다. 그렇다고 굽기도 전에 미리 찌그러뜨리거나 금을 가게 할 수는 없지 않습니까?" 하고 되물었다. 또 "내가 설립하려는 학교의 교육과정에 대한 법적 근거가 없다고 하는데, 그렇다면 안 된다는 법적 근거도 없는 것 아닙니까?" 하며 따졌다.

날이 새면 누구보다도 먼저 교육청으로 달려가 기다리다가 출근하는 실무진을 상대로 같은 말을 반복했으나, 결국 "정해진 기일 내에 학교를 설립하려면 법과 지침대로 교육과정안을 편성하여 제출하고, 이후 학교 운영은 교장 책임하에 알아서 하라"는 최종 답변이 돌아왔다. 즉 '당신 하고 싶은 대로 학교를 운영하되, 만약 문제가 발생하면 인허가 사항대로 하지 않아 생긴 일이니 그 사회적·법적 책임은 모두 학교장이 져야 한다'는 엄포였다. 그러나 내 소신은 변함이 없었다. '학생을 위한 교육'이라는 확신이 있었기에 문제가 발생해도 극복할 자신이 있었다.

교육청에서 요구하는 대로 교육부에서 만든 고등학교과정 편성안으로 바꿔서 학교 설립 계획서를 제출했다. 그리고 최종적으로 교육청에서 교육감의 결재를 기다렸다. 그날 오후 6시 반쯤 되었을 때, 국과장 결재를 거쳐 유 교육감에게 결재 받으러 갔던 장학관이 얼굴이 벌겋게 상기된 채 돌아왔다. 교육감의 결재를 받지 못했다고 했다. 그 즉시 나는 결재서류를 받아들고 교육감실이 있는 9층으로 정신없이 뛰어올라갔다.

마침 퇴근하기 위해 엘리베이터 앞에 서 있던 유 교육감과 마주칠 수 있었다. 유 교육감은 나를 보고 당황해하며 "내가 하려고 했던 그 학교가 아니잖아!"라고 했다. 그의 말이 끝나기 무섭게 내가 답했다. "네, 교육감님. 이 학교는 제가 하려고 했던 학교도 아닙니다. 하지만 실무진에서 이렇게 서류를 만들어오지 않으면 결재를 올릴 수 없다고 해서 어쩔 수 없이 고친 겁니다." 그 말을 들은 유 교육감이 잠시 생각하는 듯 하더니 "그럼 원래 계획대로 해"라고 하는 것이 아닌가. 나는 곧 바로 바꾸기 전 원래 서류를 내밀었고, 유 교육감은 그 자리에서 설립 허가 승인을 해주었다.

이런 우여곡절 끝에 한국 고등학교 역사상 처음으로 학생에게 교과 선택권을 부여하고 전 교과 이동 수업을 하는 교과교실제를 도입해 획기적인 전기가 된 학교, 한가람고등학교가 탄생할 수 있었다.

한가람고가 '자유학교'가
될 뻔한 사연

■ 나는 학교 이름에서부터 새로운 변화를 담아내고 싶었다. 당시 학교법인의 상임이사를 맡고 있던 김진성 이사와 서울시교육청 중등교육과장과 함께 새 학교명에 대한 논의를 했다.

처음 거론된 이름은 내가 제안한 '자유학교'였다. 학생이 자유롭게 사고하고 성장할 수 있는 학교, 교사의 자율성이 보장된 학교, 무엇보다도 교육당국으로부터 자율적인 학교를 의미하는 것이었다. 물론 자유에는 책임이 뒤따른다는 것을 전제로 말이다. 그러나 학교 이름으로는 너무 자유분방하고 튀는 느낌이라는 의견을 받아들여 마음을 접었다.

그 대신 학교 이름으로는 보기 드문 순우리말 이름을 짓기로 했다. 학교가 한강변에 있으니 큰 강이라는 뜻의 '한가람'이 거론되었고, 논의 끝에 새 학교는 당시로서는 드문, 한글로 된 세 글자 이름을 갖게 되었다. 그래도 자유학교에 비하면 덜 파격적인 이름이었다.

한가람이라는 교명은 두 가지 의미를 나타내고 있었다. 하나는 학교가 자율적으로 학생의 자유 의지를 반영하여 교육과정을 비롯한 학교의 운영체제를 구성하겠다는 것, 다른 하나는 기존 학교와 출발이 다르다는 의미로 교명을 순 우리말 세 글자로 표시하겠다는 것이었다.

그러나 한가람고는 서울 평준화 지역에서 일반계 고등학교로 출발하게 된다. 평준화 정책에 따라, 주소지대로 신입생을 배정받을 수밖에 없었던 것이다. 이는 학교의 교육철학과 교수학습 방법론을 완전히 다르게 적용하는 데는 한계가 있었다는 얘기다. 즉 교육당국의 간섭과 제약으로부터 완전히 자유롭지는 못했다. 훗날 자율형 사립고등학교로 지정받기까지 한가람고의 지난 20년 역사는, 학교가 표방했던 교육철학 정신과 실제 한가람이 처한 교육 현실 사이에 끊임없이 형성된 전선(戰線)이나 다름 아니었다.

살아있는
페스탈로치를 만나다

📖　한가람고를 설립하기 직전인 1996년 9월, 영등포여상 인근 중학교 교감으로 계시던 고교 은사님으로부터 빔 프로젝터를 빌릴 수 있겠느냐는 연락이 왔다. 당시로서는 고가의 물건이라 가지고 있는 학교가 드물었다. 흔쾌히 빌려드리겠다고 했더니 물건을 가지러 중학교 교사 두 명이 찾아왔다.

당시 영등포여상에서 근무하던 호주인 원어민 교사의 주선으로 영등포여상은 호주 학교와 자매결연을 추진하는 중이었다. 마침 호주 학생들이 제2외국어 과목시간에 배운 한국어로 서툴게 만들어서 보내온 카드와 그림책들이 도착해 있었다. 호주 아이들이 한국어로 표현한 글과 그림은 우리 아이가 미국 학교에서 처음 영어를 배울 때 만든 그림책과 비슷했다. 중학교에서 찾아온 두 명의 교사에게 그 그림책을 보여주면서, 고등학교에서는 해보고 싶어도 할 수가 없지만, 중학교에서는 해볼 수 있는 재미있는 수업이지 않겠냐며 제안을 했다. 교사 중 한 사람이 반짝반짝 눈을 빛내며 관심 있게 듣고 있었다.

그로부터 얼마 지나지 않아 그 중학교 발표회 행사에 초대를 받게 됐다. 서울 등촌동에 있는 88체육관에서 행사가 열렸다. 체육관 중앙에 설치된 낮은 가설무대에서 진행되는 행사를 관중석에서 보고 있노라니, 눈에 들어오는 한 사람이 있었다. 한 차례 발표가 끝날 때마다 청바지를 입은 교사 한 명이 아이들을 데리고 그랜드 피아노를 넣었다 뺐다 하면서 무대를 정리하느라 애쓰고 있었다. 전에 영등포여상을 찾아와 반짝이는 눈으로 내 이야기를 들어줬던 그 교사였다.

학생 수가 수천 명이나 되다 보니 발표장은 솔직히 혼란스럽기 그지없었다. 미국에서 보았던 초등학교의 종강 퍼레이드가 생각났다. 하지만 교사들 대부분은 학생들의 소란스러움이나 진행되는 행사에 관심이 없었다. 그 와중에 그 교사만이 유독 돋보였다. 교감이신 은사께 무슨 과목을 가르치는 선생님이냐고 여쭈었다. 은사께서는 "사회 과목 교사인데, 내 30년 교사생활을 부끄럽게 하는 친구야. 살아있는 페스탈로치지"라고 말씀하셨다. 나도 모르게 "제가 스카우트해도 될까요?"라고 했더니, 은사께서 흔쾌히 "좋지"라며 답하셨다.

하지만 교사들이 선호하는 공립학교에 근무하는 교사가 굳이 사립학교에 올 리가 없다고 여겼다. 그렇게 한동안 그 일을 잊고 지냈다. 그러던 중 그해 11월에 한가람고의 설립 승인을 받았다. 한창 바쁜 나날을 보내고 있던 12월 초, 은사께서 갑자기 연락을 해오셨다. "이 교장, 아직 마음 안 변했어?"라고 물으셨다. 전혀 감도 잡지 못해 무슨 말씀이냐고 되물었더니 "그때 스카우트한다던 그 교사 말이야"라고 하셨다. "농담이 아니고 진담으로, 정말 사립학교에 오겠다고 하나요?"하고 다시 여쭈었더니 은사께서는 본인도 그럴 의사가 있는 것 같다고 전해주셨다.

약속을 잡고 그 선생님과 만났다. 나는 새로운 학교의 설립 계획서를 보여주며 한 시간이 넘도록 장황하게 설명했다. 이제껏 들도 보도 못한 학교인데다가, 사립의 경우 나라에서 정년을 보장하는 공립과 달리 신분이 불안정하다고 생각할 수도 있기 때문에 선뜻 오라고 제안하기가 어려웠다. 충분히 예상되는 문제에 대해 신중하게 설명할 수밖에 없었다.

내 설명을 다 듣고 난 후 그 선생님은 말했다. "네, 가겠습니다. 단 조건이 있습니다. 제가 50세가 될 때까지 교단에서 학생들을 가르치게 해주십시오." 그의 꿈은 내가 미처 이루지 못한 그것, 교사로서 학생들을 정말로 잘 가르치고 싶다는 것이었다. 백성호 한가람고 초대 교감의 이야기다. 그는 2011년 내가 한가람고등학교 교장을 퇴직한 뒤 교장직을 수행하고 있다.

새 술은
새 부대에

"그 교사를 교감시키자."

1997년 1월 3일 신정연휴를 지내고 백성호 교사가 한가람의 개교 준비를 위해 찾아왔다. 신입생들에게 제공할 '새내기 길라잡이'라는 소책자를 만들어왔다. 거기에는 한가람고등학교 설립의 바탕이 된 교육철학과 교육방법, 앞으로 나아갈 길이 분명하게, 그리고 이해하기 쉽게 쓰여져 있었다.

내가 읽어본 뒤 당시 봉덕학원 이사장이셨던 어머니께 보여드렸다. 하룻밤 새 그 책자를 다 읽어보신 어머니께서 다음 날 대뜸 건네신 말씀이 "그 교사 교감시키자"였다. '새 술은 새 부대에 담아야 한다'는 것이었다. 그 후 주변 학교의 교장들에게 그 선생님의 프로필을 이야기한 적이 있었는데, 하나같이 "왜 그런 무모한 짓을 했느냐"고들 했다. '서울대 사회교육과 출신 선생은 백 프로 골수 전교조'라는 노골적인 표현도 전해 들었다. 그러나 나는 동의하지 않았다.

그때 일을 되새겨 보면, 다시금 어머니의 통찰력이 대단하다는 생각이 든다. 아무리 오랫동안 교장을 하셨다고는 해도 당시 76세셨던 연로하신 어머니께서 '어떻게 한 번도 본 적이 없는 잘 모르는 교사가 쓴 책자 하나를 읽어 보고 하룻밤 사이에 교감을 시키자는 제안을 하실 수 있었을까' 하는 의문이 지금도 남아 있지만, 어머니의 그런 직관과 통찰 덕에 남다른 성취를 하실 수 있었던 거라고 믿는다.

그에게 교감을 제안하자 본인 스스로도 깜짝 놀라며 완곡하게 거절했다. 처음에는 교무주임이나 연구주임 정도는 할 수 있지만 교감은 어렵다고 사양했다. 무엇보다도 "교감이 되면 수업을 할 수 없지 않느냐"며 걱정을 했다. 당시 그의 나이는 34세였다. 나는 그에게 50세까지 수업할 수 있도록 보장한다고 하지 않았느냐며 교감을 하면서 수업도 계속 하라고 설득했다. 실제로 그는 교감으로 재직한 15년 동안 한 해도 거르지 않고 수업을 했다. 대부분의 학교에선 볼 수 없는 풍경이었다.

'새 술은 새 부대에'라는 어머니의 표현대로, 한가람고의 이상을 구현하기 위해선 적합한 인재를 찾는 게 관건이었다. 좋은 교사를 모셔오기 위해 여러 대학을 찾아다녔다. 그리고 공개 전형을 거쳐 몇 명의 교사를 채용했다. 영등포여상에서도 몇 명의 교사가 합류했다. 개교를 위해 필요한 교사들이 모두 모였다. 그리고 학생을 배정받았다.

한가람고를
거부한 학부모들

교육청으로부터 학생을 배정받으면 학교에서는 배정받은 학생들의 등록 접수를 개별적으로 받아야 하는데, 접수 기간에 하필 토요일이 끼어 있었다. 당시 토요일에는 오전 근무를 했다. 모든 학교가 1시경에 접수를 마감했는데, 처음으로 신입생을 받았던 한가람고는 직장 근무를 마치고 오는 학부모들을 배려해 오후 5시까지 문을 열고 기다렸다.

토요일 5시경이 다 되어 접수 업무를 마감하려고 하는데 대여섯 명의 학부모가 접수장으로 들어왔다. 학부모들은 다짜고짜 교사들이 앉아 있던 책상을 발로 걷어차면서 "여상 안에 일반계 남녀공학이 생기는 바람에 내 아들이 원치 않는 학교에 오게 됐다"며 행패를 부렸다. "금쪽같은 내 아들이 여상 애들하고 연애라도 하면 어떻게 하느냐", "여상에서 가르치던 교사들이 대학 진학을 위한 교육을 어떻게 시키느냐"며 막말을 퍼부었다.

제자를 맞이할 마음으로 부풀어 있던 교사들이 날벼락을 맞았다. 사무실로 꾸며진 교실이 순식간에 난장판이 되어버렸다. 새로 채용된 수학 교사는 울먹이며 "교장 선생님, (막무가내인 학부모들과 맞설 수 있게) 제가 대학에 가서 남자 후배들이라도 데리고 올까요?"라고 말했다. 마음이 먹먹했다.

예상 못한 것은 아니었지만, 학부모들의 반응이 생각보다 심각했다. 접수 마지막 날 저녁 7시에 신입생과 학부모를 대상으로 한 학교 설명회를 열기로 했다. 당시 영등포여상에는 1,500명 정도의 인원이 들어갈 수 있는 강당이 있었다. 첫 해 한가람은 312명의 신입생을 배정받았는데 강당에는 900명이 앉을 수 있는 의자를 준비했다. 백 교감은 설명회 당일 오전 서울시교육청 기자실을 찾아갔다. 우리가 새로운 학교를 하려고 하니 기자들도 학교 설명회에 와서 이야기를 들어 보라고 공개적으로 초청했다.

나는 교육개혁위원회에 연락했다. 전에 그들이 내가 보여준 새로운 학교를 하겠다며 계획서를 달라고 요구한 적이 있기에, 한가람고등학교가 미래 사회에 부합되는 학교이며 앞으로 우리 교육개혁이 지향해야 할 학교라는 것을 증명할 수 있는 그들의 지원이 필요했다. 새로운 학교 설명회를 개최하니 연사로 참석해 달라고 요청했다. 그런데 설명회를 시작하기 30분 전, 참석하겠다고 했던 교육개혁위원회 위원으로부터 "올 수 없다"는 연락을 받았다. '모든 책임은 교장 혼자 지라'는 뜻이었다.

하지만 방송국과 신문사의 기자들은 모두 설명회장을 찾았다. 학생과 학부모들로 강당의 900석이 모두 채워졌다. 팽팽한 긴장감이 설명회장을 가득 채우고 있었지만 방송 카메라와 기자들이 보고 있었기 때문인지 이성을 잃고 흥분하는 사람은 보이지 않았다.

우리가 만들고자 하는 학교를 설명하기 위해 먼저 근자에 KBS에서 방영한 선진국의 학교시스템과 교실 수업 모습이 담긴 방송 프로그램을 보여줬다. 학생들이 자신들의 적성과 진로에 따라 선택한 교과들을 듣기 위해 교실을 이동해가며 수업을 받는 장면과 학생들이 수업의 주체가 되어 토론 중심의 수업을 이끌어가는 장면 등이 나왔다. 이어서 수학능력시험에 출제되었던 영어 지문을 화면에 띄워 놓고 3분 안에 문제를 읽고 답할 수 있는지 질문을 던졌다. 또 사회문화와 지리, 미술사의 내용이 복합된 사회탐구 문제를 보여주며 이런 유형의 문제를 해결하기 위해 어떤 추론 과정을 거쳐야 하는지를 설명했다. 단 주어진 시간이 매우 제한적이라는 것도 함께 덧붙였다.

그 자리에 모인 학생과 학부모들 대부분은 학력고사에서 새로 바뀐 수학능력시험에 대한 이해가 전혀 없었다. 수학능력시험에 대해 설명하면서 과거에 부모들이 공부했던 것처럼 단순히 지식을 외우는 방법으로는 도저히 문제를 해결할 수 없다는 점을 강조했다. 아울러 우리가 지향하는 학교는 학생들 스스로 학습 동기를 가지고 문제해결 능력과 적응력 등을 키워 나가는 학교가 될 것임을 이야기했다.

또 학생들이 주체가 되어 생활하는 학교를 만들고 싶다고 어필했다. 학생 스스로 교육과정을 선택하게 하여 스스로 사고하고 탐구하는 능력을 기르도록 하겠다는 것과 그러기 위해서는 교수학습 방법이 달라져야 하며, 달라진 교수학습 방법을 지원하기 위해 학생들이 선생님을 찾아 이동하는 교과교실제를 도입하겠다고 했다.

마지막으로 학부모로서는 당연히 생소한 학교에 자녀를 보내는 것이 불안하겠지만 미덥지 않더라도 한 달만 학교에 자녀를 보내달라고 말했다. 그러면 자녀를 통해서 학교가 지향하는 바를 알게 될 것이고, 그 후에도 마음이 바뀌지 않는다면 이 자리에 참석한 장학사의 즉석 동의를 구하면서 다른 학교로 전학 가는 것을 허용하겠다고 했다. 학부모들을 설득하기 위해 쓴 최후의 카드였다.

그럼에도 불구하고 학부모 두 명은 끝내 한가람고등학교에 아이를 다니게 하고 싶지 않다며 당장 전학 보내줄 것을 요구했다. 그 자리에서 두 사람의 요구를 받아들였다. 두 명의 학생이 입학과 동시에 전학을 갔다. 배정받은 312명 중 2명이 전출해 310명의 학생으로 한가람은 첫 발자국을 내딛게 되었다.

그러나 나는 설명회 도중에 점점 학생들의 표정이 밝아지고, 학생들이 부모의 손을 꼭 잡고 한가람에 다니겠다고 말하는 모습을 보면서 스스로 확신을 가질 수 있었다. 그렇게 입학식을 치른 지 한 달 후, 실제로 전학을 간 학생은 단 한 명도 없었다. 학교가 자리한 곳은 서울 외곽에 위치한 신정동으로 서울 내에서 상대적으로 학력이 낮은 지역이었다. 그러나 첫해 11월에 실시한 서울지역 수능 모의고사에서 외고 등 특목고를 포함한 전체 응시학교 중 11등을 차지했다.

개교한 첫해 교사들은 자신의 교과실을 연구실 삼아 수업 준비를 하다가 밤 열 시가 넘어서 퇴근하는 일이 다반사였다. 학생들도 그런 선생님을 믿고 따랐다. 이런 전통이 이어지면서 한가람고등학교는 자율형 사립고로 자격이 바뀐 후에도 학생 지원자 경쟁률이 가장 높은 학교가 될 수 있었다. 한가람고가 이렇게 짧은 시간 안에 발전할 수 있었던 것은 무엇보다도 학생을 사랑하고 가르치는 일에 최선을 다하는 교사들과 이런 선생님들을 믿고 따르는 학생들이 있었기 때문이다.

이처럼 한가람이 첫걸음을 내딛기까지는 이루 다 말하기 어려운 사연들이 적지 않았다. 하지만 얼마 지나지 않아서 학생, 학부모 모두 한가람의 교육철학과 교육성과에 호응하기 시작했고, 자녀가 한가람고등학교에 배정받으면 주변 사람들에게 한턱 내기 바쁘다는 이야기가 들려오기 시작했다.

현실에
부닥친 꿈

국내 고등학교는 크게 일반계고, 실업계고, 특목고로 분류된다. 그중 흔히 인문계라 말하는 일반계 고등학교는 정부의 평준화 정책에 의해 학생의 학교 선택권, 학교의 학생 선발권이 모두 없는 형태의 학교다. 평준화는 모든 일반계 고등학교가 교사나 학교시설 면에서 동등한 수준을 갖추고 있음을 전제한 정책이다. 이는 일정 수준의 능력을 갖춘 인력의 공급이라는 산업사회의 요구와 학교 교육을 통해 계층 상승을 꿈꾸는 다수 국민의 이해가 맞아 떨어지면서 만들어진 것이다.

그러나 평준화는 이제 곳곳에서 도전과 전환에 직면해 있다. 정부의 제한적인 교육 재정 지원만으로는 사회 발전을 따라가기 쉽지 않을 뿐더러, 교육환경이 열악한 기존의 학교들은 학부모의 높은 교육열을 만족시키지 못하고 있다. 흔하게 나타나고 있는 특정 학교 기피 현상은 '상향평준화'라는 표현이 그저 빛 좋은 개살구에 지나지 않음을 여실하게 보여준다.

이와 같은 상황은 평준화 정책을 도입한 모든 나라에서 나타나고 있다. 선진국인 미국에서조차도 공립학교의 경우 주거 지역에 따라 배정을 받다 보니 학군을 우선시하는 경향이 나타나고 있다. 교육열이 높은 유대인과 한국인들은 물론 최근에는 중국인들조차도 거주지를 마련할 때 우선적으로 학군을 고려한다고 한다. 평준화 정책이 오히려 주거 지역에 따른 학력의 불평등을 가속화하는 것이다. 이는 국가의 노력만으로는 학교의 실질적인 평준화를 이루는 것이 불가능함을 보여준다.

이러한 시기에 한가람은 '평준화 이후'를 제시하며 '평준화의 강' 한가운데 등장했다. 한가람의 태생적 한계는 앞서 언급했듯이 평준화 정책에 따라 학생 선발권이 없다는 점이었다. 학교가 추구하고자 하는 교육목표와 방법을 제시하고, 여기에 동의하는 학부모와 학생이 지원을 한 것이 아니라, 학교가 위치한 양천구 신정동(설립 당시 위치) 인근에 거주하는 학생을 배정받는 학교로 출발했다. 때문에 출발 이후에도 학교의 철학과 교육방법을 이해시키는 데만 꼬박 5년이 걸렸다. 그것도 교사들의 사랑과 헌신이 만들어낸 결과였다.

한가람 5회 입학생부터는 우여곡절 끝에 학교를 목동으로 이전하여 학생을 배정받았다. 아파트 단지로 둘러싸인 목동의 분위기는 신정동과는 또 달랐다. 주변의 중학교 교사들이 한가람고를 폄하했다는 말이 들려왔다. 반상회에서 한가람고 이전을 반대하자는 이야기도 나왔다고 했다. 그러나 목동으로 이전한 첫해 입학한 학생들이 학교에 다니기를 즐거워하면서 처음에는 탐탁지 않아 하던 학부모들도 하나둘씩 학교의 열렬한 지지자들로 바뀌었다. 그 뒤는 한가람고로 배정받으면 축하받기 바쁘다고들 했다.

대학 입학만이 일반계 고등학교 최고의 목표이자 존재 이유가 되어버린 현실에서 신설학교로 배정된다는 것은 불이익으로 여겨질 가능성이 높았다. 게다가 아직 그 실체가 명확하지 않은 수요자 중심의 교육, '교육과정 통합운영'을 추구한다는 점이 학부모 및 신입생들에게 준 불안감은 상당했을 것이다. 그러나 한가람고에 다니는 학생들 모두가 교사들을 절대적으로 신뢰하고 따랐다. 성적이 우수한 학생이든, 그렇지 않은 학생이든 마찬가지였다. 자녀의 이런 모습이 학부모에게는 신선한 충격이었을 것이다.

목동으로 이사해 첫 입학생을 받았을 때였다. 학부모 총회가 끝난 뒤 행정실 앞에서 학부모 한 분이 나를 기다리고 있다가 내 손을 덥석 잡더니 갑자기 "한가람을 세워주셔서 정말 감사합니다"라고 말하며 울먹거렸다. 순간 당황했지만 그의 이야기를 듣고 보니 이해가 되었다.

평소 어려운 수학문제 풀이를 좋아하던 자신의 아들이 중학교

2학년 때 수학 교사에게 질문을 했는데, 학생이 자기를 테스트한다고 생각한 선생님이 심하게 아이를 질책했다는 것이다. 그 뒤부터 학교에 가기 싫어하고 성적이 나날이 떨어져 이러다가 고등학교도 못 가는 게 아닌가 걱정을 했는데, 다행히 3학년 때 다시 공부를 시작해 한가람고에 입학했다고 했다. 그리고 얼마 지나지 않아 또 다시 어려운 수학문제를 만나 고민 끝에 수학 교사에게 질문을 한 모양이었다. 그런데 선생님이 점심도 거른 채 그 문제를 풀더니, 아이를 불러 문제를 푸느라 무려 4시간이나 걸렸다고 이야기했단다. 이에 아이가 "전 8시간이나 걸렸는데 선생님 최고예요!"라며 의기투합을 했다는 것이다.

그런 일이 있은 뒤 아침에 일부러 깨우지 않아도 즐겁게 일어나 학교에 가는 아이가 되었다고 했다. 그 후 그 학생은 그 수학 교사와 단짝이 되어 수학 경시대회 반을 만들어 활동했다. 이는 한가람이 진정 학생들이 가고 싶어 하는 학교가 되었기에 가능한 일이었다. 배움이 많은 즐거운 학교, 사랑과 신뢰로 연결된 사제지간, 그런 학교에 대한 학부모의 신뢰가 이뤄낸 성과였다.

한가람에 대한 언론의 관심은 각별했다. 1997년에 개교하면서부터 한가람은 각종 언론매체의 집중 조명을 받았다. 1997년도에는 연중 방송 3사의 뉴스와 각종 시사프로그램의 취재를 받았고, 그 외 라디오 프로그램과 중앙일간지, 각종 교육관련 잡지, 여기에 각종 TV 예능 프로그램까지 인터뷰나 취재 요청이 쇄도했다. 학교 운동장에서는 이들 방송사와 언론사의 차량을 거의 매일같이 목격할 수 있었고, 그 바람에 학교의 모든 공간과 수업이 거의 공개되다시피 했다. 느닷없이 들이대는 카메라와 마이크에도 학생들이 전혀 어색해하지 않을 정도였다.

그만큼 당시 우리나라는 새로운 교육에 대한 열망으로 가득 차 있었다. 그러나 그 열망에 부응할 만한 대상을 찾기는 쉽지 않았다. 그래서 한가람고등학교는 새로운 교육을 갈망하는 사람들로 항상 붐볐다. 전국 각지에서 교육청은 물론 학교 단위별로도 학교 견학을 많이 왔다.

어느 날엔 강원도에서 오신 젊은 여교사 한 분이 학교 견학 후 상기된 얼굴로 울먹이며 "우리도 한가람고 같은 곳에서 일하고 싶어요. 그러니 우리보다 교육청 관계자들과 교장선생님께 많이 보여주시고 알려주세요"라고 간청했다. 학교 현장에서 일하는 교사들이 직접 보고 느낀 한가람은 모든 교사들이 꿈꾸는 학교였다.

그러나 기존의 학교를 보완·대체할 수 있는 '새로운 학교'에 대한 우리 학교의 구상과 이들 언론매체가 만들어내는 환상은 조금 달랐다. 대부분의 언론매체는 한가람고가 학생을 일방적으로 배정받는 평준화 지역에 위치한 일반계고이며, 이 때문에 교육당국이 제시하는 고정된 틀에서 완전히 독자적으로 벗어나기 어렵다는 점을 간과하고 있었다. 그래서 우리의 모습을 초등학교에서 막 시작된 '열린 교육'의 틀에 집어넣거나, 제도 교육의 이탈자를 대상으로 한 '대안학교'의 범주에 포함시키기도 했다.

그러나 평준화 정책에 따라 교육청에 의해 강제 배정된 학생들을 데리고 열린 교육과 대안 교육을 할 수는 없었다. 교육청에 의해 배정되는 학생들이었기에, 매번 신입생과 학부모들에게 한가람고등학교 설립의 교육철학을 이해시키는 데에만 약 1년 가까운 시간을 써야 했다. 처음부터 학교의 교육철학을 알고 이에 동조하는 학부모와 학생들이 입학했다면 더 많은 것을 시도해볼 수 있었을 것이고, 그랬더라면 한가람은 더 발전했을 것이다.

학생들에게 교과 선택권을 주고 학생들이 중심에 있는 교육을 해도 입시체제는 똑같이 적용된다는 것이 늘 교사와 학교를 옥죄고 있었다. 한가람에게는 벅찬 짐이었다. 그러나 그런 난관을 이겨내고 한가람은 성공해야 한다는 막중한 책임을 숙명으로 받아들여야만 했다.

실업계와 인문계의
통합운영 실험

한가람고등학교는 개교와 동시에 1996년 12월 교육부로부터 3년간 '교육과정 통합운영 연구학교'로 지정받았다. 교육부는 당시 일반계와 실업계, 교육과정을 망라해서 교육과정을 통합해 운영하는 연구학교를 공모했다.

교육부가 '교육과정 통합운영 연구학교'를 공모한 배경에는 달라진 일반계고의 위상에 대한 고민이 들어 있었다. 1990년대 들어 실업계고 진학자가 급격히 줄어들면서 이에 대한 보완책으로 실업계고를 졸업하고 대학을 쉽게 진학할 수 있는 길이 열렸다. 그러자 중학교에서 중간 정도의 학력을 가진 학생들이 실업계로 진학하게 됐다. 그 영향으로 예전 같았으면 일반계 고등학교에 진학하지 못할 학력을 가진 학생들이 실업계에 떨어진 뒤 일반계고에 진학하는 현상이 나타났다.

일반계 고등학교 학생들 간에 학습 능력의 격차가 심하게 차이가 났다. 입시 위주교육을 실시하는 일반계 고등학교 분위기에 적응하지 못하는 다수의 부적응 학생들이 생겨났다. 이런 현상 때문에 학력이 좋은 학생들이 일반계 진학을 기피하고 일부 특수목적고로 진학하는 일이 벌어졌고, 일반계 고등학교들의 형편은 점점 더 어려워졌다. 일부 언론에선 '교실 붕괴'라는 진단도 내놨다.

그에 대한 방안으로 학력이 떨어지는 일부 학생들을 일정 기간 직업학교에 위탁해 교육을 한다거나, 이탈자를 위한 다양한 대안학교를 만드는 등 여러 대안이 등장하기도 했지만 극히 일부의 이야기였다. 부적응 학생의 상당수는 그냥 자신의 학교에 머물고자 했다. 각 학교마다 별다른 대책이 없었다. 그저 그 아이들에게 '수업 중에 잠을 자더라도 조용히만 지내라'고 요구하는 데 머물렀다.

궁여지책 끝에 나온 교육부의 통합교육과정 학교안은 기존의 일반계 고등학교와 실업계 고등학교를 한 학교에서 병합하여 운영하는 종합고등학교를 연상하게 했다. 그러나 나는 생각이 달랐다. 일반계 고등학교의 운영이 어려워졌다는 이유로 일반계와 실업계를 통합하여 만든 한 학교에서 다시 학생들을 실업계와 인문계열로 나누어 운영하는 것은, 오히려 어느 계열이든 모든 학생과 학부모들에게 외면당할 수밖에 없다고 봤다.

이미 실업계 고등학교의 교장으로서 처음 실업계 고등학교에서부터 시작된 어려움이 일반계 고등학교로 몰려오는 것을 보아 온 나는 이 시점에 고등학교 설립 목적을 다시 정립해야 한다고 생각했다. 모든 고등학교 설립 목적은 초·중등 기초 교육을 바탕으로 진로를 선택하고 탐구하도록 하는 데 있다. 따라서 모든 고등학교는 하나의 설립 목적을 가져야 한다고 생각했다. 즉 국가가 제시하는 고등학교 교육과정을 계열별 학교로 분리하여 실시하는 것이 아니라, 고등학교 단계의 교육과정 단일안을 만들고 그 안에서 학생들의 진로와 선택에 따라 교과 선택권이 '학생에게 있는' 학교여야 한다는 것이다.

우리나라처럼 '문(文)'을 중시하고 실업을 경시하는 문화 속에서 고등학교부터 계열별로만 선택하게 하면, 결국 실업계를 선택한 학생에게 좌절감과 열등감을 줄 가능성이 컸다. 내가 계획한 '교육과정 통합운영'이란 특수목적고, 실업계고, 인문계고를 단순하게 하나의 학교에 기계적으로 결합하여 다시 학생들을 계열별로 나누는 것이 아니었다. 새로운 변화에 적응할 수 있는 교과들을 학교 내에 개설한 뒤 학생들로 하여금 진로와 적성에 따라 교과를 선택하게 하여 학생의 학습권을 최대한 보장하는 것이었다.

고등학교 진학 시에 진로를 결정하거나 고등학교 과정 중 학생들에게 학교가 제공하는 몇 가지 계열 중에서 하나를 고르라는 식으로 선택권을 주는 것은 행정 편의주의적 발상일 뿐이다. 예컨대 수학을 좋아하는 이과 학생은 문과 학생들이 이수하는 사회 과목을 선택해서 공부하면 안 되는 걸까? 또 수학이 싫어 이과를 선택하지 않은 학생은 화학을 배우면 안 되는 걸까? 그렇지 않다. 미술 전공으로 진로를 결정한 학생도 기하를 선택할 수 있어야 하고, 공대 진학을 하려는 학생도 실업 전문교과인 컴퓨터를 공부할 수 있게 해야 한다는 것이다. 따라서 학생들이 고등학교 단계에서 실업계·인문계나 문·이과와 같은 특정 계열을 선택하는 것이 아니라 교과목 하나하나를 선택할 수 있어야 한다는 것이 내 생각이었다.

결국 이런 내 생각이 받아들여져 교육부로부터 한가람고는 교육과정 통합운영 연구학교로 지정되었다. 다행히 1997년 당시 수학능력시험은 통합적인 사고력을 측정하는 시험으로서 대부분 1학년 공통교과에서 출제하는 것을 기본으로 하고 있었기 때문에 교과별 교육에 대한 부담은 상대적으로 적었다.

고등학교는 전문교육을 실시하는 단계가 아니라 보통교육 단계로서 미래 사회에 필요한 능력을 기를 수 있게 해주는 것은 물론, 동시에 진로를 탐색하게 해줘야 한다. 또한 기본적인 학습 능력을 통해 인생을 풍요롭고 건강하게 살아갈 수 있도록 만들어줘야 하며, 미래 주역들이 갖춰야 할 적응력과 문제해결 능력, 의사표현 능력, 그리고 팀워크과 리더십을 학교 교육을 통하여 구현해야 한다.

한국 최초로
직영급식을 시행하다

1997년 3월 한가람의 첫 신입생을 받은 지 채 한 달이 지나지 않아 학교 뒤 단독주택에서 사시는 할머니 한 분이 학교를 찾아왔다. 점심시간에 한가람고의 남학생들이 열려 있는 집 마당에 들어와 담배를 피우다가 소리를 치자 도망을 갔다는 것이었다.

급히 전 교사를 소집해 담배 피운 학생들을 찾으라고 지시했다. 그런데 교사들이 이미 중학교 때부터 담배를 피워온 학생 13명의 명단을 갖고 있었다. 입학생 수가 적어 신입생 오리엔테이션 때부터 파악이 됐다고 했다. 그러니 이 학생들이 더 이상 학교 구석에 숨어서 담배를 피울 수가 없었고, 점심시간에 학교 밖으로 나가 담배를 피웠던 모양이었다.

13명을 하나씩 불러 구체적인 상황을 파악해봤다. 대부분 가정형편 때문에 도시락을 싸오지 못했다. 등교하면서 라면이나 빵을 사와 첫 수업 이전에 먹어버린다고 했다. 그리고 두 번째 수업이 끝나면 다른 학생의 도시락을 빼앗아 먹었다. 그래서 점심시간에 밖으로 나갈 수 있었던 것이다. 그러나 이 문제 때문에 다른 학생들도 점점 도시락을 싸오지 않으려 한다는 것을 알게 되었다.

한참 잘 먹어야 하는 나이의 아이들이었다. 도시락을 싸오지 못하거나 세끼 식사를 제대로 하지 못하는 학생들이 얼마나 되는지 교사들에게 암암리에 조사를 시켜봤다. 놀랍게도 한 반에 다섯 명에서 열 명 정도 된다는 사실을 알게 되었다. 저녁에 자율학습을 하는 아이들 중에는 어머니들이 집에서 밥을 싸 주지 않는 대신 단체로 밖에서 도시락을 주문해오는 경우도 있었지만, 이 아이들에게 해당되는 이야기는 아니었다.

즉시 교사용 식당을 확장해서 모든 학생에게 급식을 하기로 결정하고 조리원을 추가로 채용했다. 그러나 원래 교사용 식당이었던 탓에 확장을 해도 밥을 먹일 장소와 주방 시설이 충분하지 못했다. 궁리 끝에 건식(빵이 주재료)과 습식(한식)으로 번갈아가며 밥을 제공했다. 도시락을 싸오지 못하던 아이들도 무료로 다른 아이들과 똑같이 점심을 먹을 수 있었다.

그리고 담배를 피우다 걸린 그 13명의 아이들에게는 제대로 점심시간에 식사를 하게 한 후, 벌로 체육 교사 지도하에 운동을 하다가 집에 돌아가도록 지시했다. 그중에는 뒤늦게 대학 진학의 꿈을 가지는 데 성공한 아이들도 있었다. 학교 공부시간에는 엎드려 자고 방과 후에는 밤늦게 길거리를 돌아다니는 아이들이 없게 만들고 싶었다. 적어도 학교에서만큼은 배고픈 아이가 없어야 한다고 생각하여 내린 결정이었다.

그 뒤 10여 년이 지나 고등학교에도 직영급식이 시작되었다. 정부가 관리하는 국가지표체계 홈페이지에 게재된 학교 급식 실시 현황(2017년 기준)에 따르면, 이제는 초·중·고교에서 100퍼센트 전면 급식을 하고 있다. 1997년에 급식학교 비율이 58.4퍼센트(대부분 의무교육인 초등학교와 일부 중학교의 급식 학생 비율은 38.5퍼센트)였던 것과 비교하면 격세지감이다. 지금은 직영급식 비율이 무려 97.8 퍼센트(1만 1,542개교)에 이른다.• 최근에는 무상급식도 점점 확장되어 가고 있다.

국가는 학교를 통하여 국민 복지를 실천할 수 있다. 적어도 이를 통해 밥을 굶거나 가정으로부터 보호를 받지 못하는 아이들을 보호해줄 수 있다. 이것이 학교의 기능 중 가장 중요한 것이어야 한다. 다만 무상급식이 최고의 선택이라고 보진 않는다. 잘못하면 급식의 질을 떨어뜨릴 수도 있기 때문이다. 학교 단위의 급식의 질을 국가가 모두 관리하기는 어렵다. 미국에서 본 일

• e-나라지표 학교 급식 실시 현황 통계표 참조. (http://www.index.go.kr/potal/main/EachDtlPageDetail.do?idx_cd=1543)

주일 식단을 선택할 때 자율적으로 부담할 수 있는 비용을 함께 넣어 학교에 보낼 수 있도록 하는 급식 시스템이 새삼 생각나는 이유다.

한가람고에서의 직영급식에 이어 청라달튼학교도 직영급식을 하고 있다. 현재 외국인 학교와 국제학교들 중 직영급식을 하는 학교는 청라달튼학교가 유일하다. 한가람고는 배고픈 학생이 없어야 한다는 신념에서 직영급식을 시작했던 반면, 청라달튼학교에는 좀 더 현실적인 이유가 여럿 있었다. 개교 당시 학교 주변에 식당과 마트가 하나도 없었던 것이 첫 번째 이유였다. 또 학교 내에서 거주하는 모든 외국인 교사와 기숙사 학생들에게는 학교 급식이 유일한 음식이었는데, 건강을 위해 제대로 된 식사가 필요하다는 것이 그다음 이유였다.

처음에 위탁 급식업체는 여러 나라에서 온 교사들과 학생들이 있는 외국인 학교의 특성을 고려해 다양한 메뉴를 제공한다는 이유로 패스트푸드 등 간편식을 병행하여 판매하려고 했다. 그런데 이것을 허용했더니 상대적으로 판매 이윤이 많이 남는 매식을 유도하기 위해서인지, 급식의 질이 점점 떨어졌다. 게다가 어린 학생들의 식습관이 편식 등으로 인해 나빠지는 문제마저 생겼다. 하지만 병행 판매를 허용하지 않을 경우, 정해진 급식만으로는 도저히 식사를 할 수 없는 교사들과 학생들이 있었다. 채식을 한다거나 알레르기가 있다거나 종교·문화적인 차이 등 이유는 다양했다.

이대로는 안 되겠다는 생각이 들어서 직영으로 바꿨다. 매일 빵을 굽고 햄·치즈·채소 등 다양한 식재료를 담은 샐러드 바를 설치해 운영하기 시작했다. 현재는 메인 식사로 한식과 인터내셔널 식사, 채식주의자를 위한 식사 세 가지를 제공하고 있으며, 21개국에서 온 교사들과 학생들이 모두 불편 없이 식사할 수 있도록 최선을 다하고 있다.

매주 주말마다 학교를 순회하며 열리는 스포츠 행사들로 부족해진 체육관을 증축하면서 카페테리아를 한 곳 더 만들었다. 새로 만든 이 식당은 카페에서 책 읽고 공부하기를 좋아하는 학생들과 교사들의 취향을 반영해 인테리어를 했다. 그러자 예상치 못한 결과가 나타났다. 교사들이 수업시간에 학생들을 데리고 와 카페테리아에서 여러 가지 형태의 다양한 수업을 하는 게 아닌가. 또 강의시간이 비는 때에 도서실보다 카페테리아를 찾는 학생들이 점점 많아졌다. 자연스럽게 카페테리아가 스터디 모임의 장소가 되었다.

그래서 한가람고 교장에게 법인(봉덕학원)에서 비용을 지원해줄 테니 한가람의 교내식당도 카페처럼 인테리어를 바꿔보는 것이 어떻겠느냐고 제안했다. 그런데 "할 수 없다"는 답변이 돌아왔다. 한국 학교 식당은 급식시간 외에는 조리 종사원을 제외한 그 누구도 출입하지 못하도록 하라는 교육청의 지침을 받았다는 설명이었다. 그래서 수시로 학생들이 사용하는 정수기도 최근 식당 내부에서 식당 바깥으로 옮길 수밖에 없었다고 했다.

기가 막혔다. 누구를 위한 학교인지, 무엇을 위한 학교시설인지 이해가 되지 않았다. 학교에 설치된 식당은 식사 제공의 장소로 사용하는 것이 우선이겠지만 넓게 보면 학교 교육을 지원하는 시설이다. 게다가 최근 설치된 학교 식당들을 보면 학생들의 이동이 편리한 곳에 널찍하게 지어진 경우가 많다. 잘만 활용하면 아주 훌륭한 교육 장소가 될 여건을 갖췄다고 본다. 위생을 이유로 들고 있지만, 대부분의 학교는 식사를 하는 식당 공간과 음식을 조리하는 주방 공간이 명확히 분리되어 있다. 주방시설이 오염될 수 있다는 이유로 식사 시간 외에는 식당에 아예 출입을 하지 말아야 한다는 것은 편의 위주의 한국 교육행정의 단면을 보는 것 같아 씁쓸했다.

고교에서 수업을
골라 듣는다고?

■　한가람의 교육과정에는 우리나라 어느 고등학교도 흉내 내지 못할 만큼의 고민과 시행착오가 녹아들어 있다. 대표적인 것이 '골라 듣는 수업', 교과 선택제다.

1997년 한가람고 개교 당시 모든 일반계 고등학교의 1학년은 모두 똑같이 학급별로 편성되어 있는 시간표대로 수업을 받고, 2학년에 진급할 때는 문과 또는 이과 중에 하나를 선택해야 했다. 그러나 한가람은 문·이과 선택을 과감히 없앴다. 대신 7가지 유형의 전공을 만들어 선택하도록 했다. 같은 전공을 고른 학생이라 해도 대학에서처럼 전공필수 교과를 제외한 나머지는 자유롭게 다른 교과를 골라 들을 수 있게 허용했다. 또 2년 후부터는 학생들이 7가지 전공체계에 얽매이지 않고 예상치 못한 교과들을 고르는 것을 보면서 무(無)전공 체계로 완전히 자유롭게 수업을 고를 수 있도록 열어놓았다.

학생들에게 교과 선택권을 주기로 하면서 내심 가장 우려했던 부분은 학생들의 선택이 특정 과목에 지나치게 쏠리지 않을까 하는 것이었다. 한가람고의 학급 수가 많지 않았던 것(개교 당시 서울에서 가장 작은 규모인 18학급, 현재는 24학급이다)은 이런 이유에서 비롯된 측면도 있었다. 학급 수가 많지 않아야 70~80퍼센트의 학생이 한 과목을 선택하는 쏠림 현상이 일어나도 한 교사가 감당할 수 있었다. 교사 수급계획은 전년도 학생들의 선택 결과를 참고해서 짰다.

교과 선택제의 원활한 운영을 위해 학생들을 대상으로 매 학기마다 수업 만족도를 조사해서 그 결과를 교사 본인에게 통보했다. 교사들은 평가 결과를 감정적으로 받아들이는 대신, 스스로 더 노력하고 개선해야 할 점이 무엇인지를 고민하는 모습을 보여줬다. 학생들은 그런 교사들을 존경하고 따랐다. 교사들의 고민과 노력 덕분에 모든 수업의 질이 전체적으로 좋아지는 상향평준화가 이뤄졌다. 그 결과 학생들은 교사 간의 차이에 지나치게 얽매이지 않고 자기 자신의 적성과 진로, 학습 능력에 따라 도움이 되는 과목을 선택했다. 이른바 선순환이 나타난 것이다.

이 과정에서 나와 교사들이 갖고 있던 학생들에 대한 편견과 통념이 여지없이 깨지는 경험을 하기도 했다. 과목 선택 결과를 받기 전까지는 수학을 못하는 학생은 과학도 싫어할 것이라는 생각, 공부를 잘하는 학생은 예체능 과목을 선택하지 않을 것이라는 생각, 문과 학생은 과학 과목을, 거꾸로 이과 학생은 사회 과목을 싫어하고 기피할 것이라는 생각이 없지 않았다. 그러나 학생들의 선택 결과를 보면서 우리의 편견은 완전히 무너져 내렸다. 학생들이 우리가 생각했던 것보다 훨씬 시대를 앞서가고 있음을 뼈저리게 느꼈다.

그처럼 창의적인 발상을 하는 학생들이 대견했다. 이런 학생들에게는 사실 7가지 전공 체계도 필요 없었다. 학교가 학생들의 변화 속도를 예측하고 따라가지 못한다는 것을 깨달았다. 이것이 아예 전공이 없는 무전공의 다음 단계 교육과정 선택을 연구하게 된 계기였다. 7가지 전공체계를 벗어나 다양한 선택을 수용할 수 있는 시간표 및 학사 운영방식을 만들었다. 이 방식은 2002년부터 시작된 7차 교육과정에서 수많은 학교들의 참고 사례가 되었다. 당연히 학생들의 만족도도 상당히 높았다. 해마다 점점 더 학생들의 교과 선택 유형이 다양해져 2009년도에는 300여 명의 학생이 선택한 교육과정이 무려 132가지에 이르렀다.

이것이 가능했던 데에는 수학능력시험 체제도 크게 기여했다. 교과별 시험이 아니라 1학년의 공통교과를 중심으로 한 통합적 사고 능력을 측정하는 시험 체제를 표방하고 있었기 때문이다. 한가람 학생들은 수능 준비를 위해 학원에 가기보다는 학교에서

	2014년	2015년	2016년	2017년
총 개설 과목 수	92과목	92과목	95과목	91과목
심화 및 전문 과목 수	24과목	26과목	27과목	26과목

● 한가람고등학교에 개설된 과목 수

	2011년	2012년	2013년	2014년	2015년	2016년	2017년
19명 이하	8과목	13과목	20과목	13과목	11과목	17과목	17과목
20~29명	3과목	3과목	1과목	9과목	5과목	4과목	10과목

● 소수 선택과목의 개설 현황(과목 개설 기준은 10명 이상일 때임)

교사와 수업을 하는 것을 선호하는 편이었다. 학력고사에 익숙한 기존 학교에 비해 수업 형태가 다양하고, 학생들에게 진심으로 다가가는 열정적인 교사들이 있었기 때문이다.

일반계·실업계·특목고의
경계를 넘어

설립 당시 한가람고는 일반계고였다. 그러나 한가람고는 일반계고에 있는 문·이과의 성격은 물론이고 실업계고와 특목고의 성격까지 아우르려고 했다. 1학년 과정에 공통 필수과목을 집중적으로 배정하고, 2학년과 3학년 과정에서 언어, 수리, 사회, 과학, 음악, 미술, 컴퓨터 등 7개 교과 영역 중 학생이 희망하는 영역을 선택하여 적성과 진로를 결정할 수 있도록 했다. 아울러 선택한 교과 영역에서 요구하는 최저 이수 단위를 모두 이수한 경우 나머지 학점은 모든 교과 영역에서 자유로이 골라 들을 수 있도록 했다.

특히 미술 분야와 컴퓨터 분야의 교과를 다양하게 열었다. 원어민 교사를 채용해서 영어·일본어·중국어 회화 과목을 각각 개설했다. 그리고 지리와 그 지역의 사회 문화를 결합한 지역연구 교과를 새롭게 개설하는 등 다른 인문계고는 시도할 수 없었던 부분에 특별히 공을 들였다. 공부를 잘하는 학생은 물론, 일반계 고등학교에 적응하지 못하는 학생들도 관심을 가질 수 있도록 시대 변화에 맞는 새로운 교과를 개발해 제공하고자 부단히 노력했다. 나아가 모든 학생이 진정 자신이 원하고 필요로 하는 과목을 집중해서 공부할 수 있도록 지원하는 전국에서 유일한 학교가 됐다.

그러나 정부가 정해놓은 일반계고 교육과정의 경직성이 끊임없이 한가람고 운영의 발목을 잡았다. 교육부가 2000년 '교육과정의 탄력적 운영'이라는 지침을 발표할 때까지 이러한 상황은 지속됐다. 학생의 교과 선택의 폭을 넓히기 위해서는 교육청과 학교가 지정하는 필수 이수 교과의 수를 줄여야 했으나 관련법과 규정들은 요지부동이었다. 나날이 발전하는 컴퓨터 분야의 새로운 교과를 만들려고 했지만, 1년 6개월 전에 교과서를 심의 받으라는 규정을 지키려면 최소 2년 전 기술을 기준으로 교과서를 만들어야 하는 식이었다.

원어민 교사를 채용한 소규모의 외국어 회화 수업은 추가 비용의 문제에 부닥쳤다. 회화 수업의 효율성을 높이려면 수십 명으로 구성된 한 반을 두세 개 반으로 쪼개어 운영할 필요가 있었다. 그러자면 학교 측에서 일방적으로 부담하기에는 적지 않은 비용이 발생했다. 그런데 평준화 정책에 따라 학교를 배정받은 학생들과 학부모들에게 그 비용을 부담해달라고 설득하기란 쉽지 않았다. 학교의 교육 목적을 이루기 위해 재정 형편이 되는 한 별도의 부담 없이 원어민 교사를 채용하여 수업을 실시했지만, 더 잘할 수 있었을텐데 하는 아쉬움도 남았다.

이 모든 어려움은 '평준화 지역의 일반계 고등학교'라는 틀을 벗어나지 않는 한 계속될 수밖에 없는 처지였다.

어떤 학교가 학생들에게 교과 선택권을 부여하고, 선택권이 제대로 기능할 수 있도록 하려면 그럴 수 있는 환경이 먼저 조성돼야 한다. 제일 중요하고 기본적인 것이 각 교과가 '상호 선택이 가능한' 형태로 구성되어 있어야 한다는 점이다. 다시 말해 상호 선택할 수 있는 교과끼리 이수 단위(학점)가 같아야 한다. 나아가 모든 교과의 이수 단위가 같다면 모든 교과를 동일한 비교선상에 놓고 선택할 수 있을 것이다.

예를 들어보자. 어떤 학생이 외국어와 과학 중 한 쪽을 선택하려 하고 있다. 그런데 외국어 과목은 주당 2시간인데 과학은 주당 4시간이면 둘 중 하나를 마음대로 고를 수는 없는 노릇이다. 가장 손쉽게 문제를 해결하는 방법은 과학 과목을 둘로 쪼개서 주당 2시간짜리 과학1과 과학2를 만드는 것이다. 그러면 학생은 외국어, 과학1, 과학2 세 가지 중 하나를 고를 수 있게 된다.

하지만 모든 문제가 이렇게 간단하게 풀리지는 않는다. 이수 단위가 적은 과목에 맞춰 교과를 쪼개면, 학생이 동시에 이수해야 하는 총 과목 수가 늘어나 학습 부담이 커지게 되는 문제가 발생하기 때문이다. 따라서 모든 교과의 이수 단위를 같게 맞추려면 지나치게 세분화된 교과들을 일부 통합하거나 하나의 교과를 더 깊이 있게 편성하는 등 가장 최적화된 과목 구성을 위한 깊은 연구가 필요하다. 그리고 이러한 과목들이 사회 변화에 맞춰 탄력적으로 운영될 수 있도록 학교에 교육과정 운영에 관한 자율권을 부여해야 한다.

일부 교과는 학습 수준에 따라 이수 경로를 달리하여 교과 선택이 이뤄질 수 있도록 교과 수준과 난이도, 또는 진로와 연결 지어 세분화할 필요도 있다. 이 경우도 이수 단위가 같아야 운영이 가능하다. 이를테면 1학년 수학은 주당 4시간인데, 2학년 수학은 주당 6시간이라면 학생의 학습 능력을 고려하여 이수 경로를 달리하는 교과 선택이 불가능해진다. 그러나 국가 주도의 교육과정을 갖고 있는 우리나라는 개별 교과별로 이수 단위가 4단위, 6단위, 8단위, 10단위('10단위'는 50분 수업을 주당 5회씩, 1년간 수업하는 분량이다)로 고정되어 있다. 이렇기 때문에 학생들이 교과를 자유롭게 선택할 수도 없고, 학교가 자유롭게 교육과정을 운영할 수도 없다.

이를 극복하기 위하여 한가람고는 일부 교과에 한해 학기별로 교과 선택을 할 수 있는 묶음을 만들어 운영했다. 예를 들면 1학기에는 물리I, 화학I, 생물I, 정치, 사회문화, 세계사에서 선택하고, 2학기에는 물리II, 화학II, 생물II, 경제, 사회문화, 세계지리에서 선택하게 하는 방식이었다. 이렇게 할 경우 학기별로 교과별 교사 수급에 어려움이 생길 수밖에 없었다. 그러나 국가 교육과정하에 학생에게 교과 선택권을 최대한 주기 위해서 이런 노력도 불사해야 했다.

학생들이 교과를 스스로 선택해서 공부하게 한다는 개념 역시 한가람고의 다른 정책들과 마찬가지로 정부의 교육정책으로 일부 편입되었다. 정부는 2015년에 문·이과를 통합하고 과목 선택권을 강화하겠다고 했다. 또 2017년 출범한 문재인 정부는 교육 공약으로 고교 학점제를 내걸었다. 고교 학점제는 교과 선택제와 유사하지만 학년 단위로 진급하는 학년제와 달리 일정 학점을 채우면 졸업한다는 의미를 갖고 있으며, 한가람고는 2009년 자율형사립고로 지정되면서 이러한 학점제를 도입했다.

2017년 12월에 김상곤 교육부총리는 2018~2021년까지 고교 학점제 연구학교를 운영하여 그 결과를 바탕으로 2022년까지 이 제도를 전면 도입하겠다는 내용의 고교 학점제 추진 방안을 발표했다. 하지만 이 내용은 실질적으로는 학점제라기보다는 교과 선택제에 가깝다. 이에 관한 내용은 뒤의 학점제 정책에 관한 글에서 좀 더 자세히 다룰 것이다.

정부가 지금 집중해야 하는 것은 기존의 교과를 1단위 늘리고 줄이고를 반복하는 교육과정 개편이 아니다. 4차 산업혁명 시대를 대비하여 교과목을 어떻게 통합하고 세분화할 것인가에 대한 고민을 하루 빨리 시작해야 한다.

한가람고가 전국 단위
자사고가 되었더라면

2001년, 교육부가 일부 학교에 자율적인 운영권을 돌려주겠다는 계획을 내놨다. '자립형 사립고등학교(자사고)'를 지정하겠다는 발표였다. 초·중등교육법에 자사고 운영 근거를 마련하고 각 교육청별로 신청을 받았다. 평준화 지역의 일반계고로서의 한계를 절감하고 있던 한가람고도 그동안의 성과를 바탕으로 자사고 지정을 신청했다.

서울시교육청에 자립형 사립고 신청서를 냈으나, 차별화된 교육을 해온 한가람고, 삼성이 인수하여 운영해온 중동고 등 모든 학교의 신청서가 모조리 반려됐다. 한가람고를 허가했던 주인공인 유인종 교육감은 '자사고가 생기면 평준화 정책이 깨질 수 있다'고 우려했다. 결국 적극적인 교육감의 의지가 있는 지방의 6개 고등학교만이 개별 시도 교육청의 추천을 받아 교육부의 자사고 지정을 얻어냈다.

한가람고가 서울에 있는 한, '일반계고'의 틀에서 벗어나기가 결코 쉽지 않다는 사실을 확인하게 되었다. 학교의 자율권을 확보하기 위한, 그리고 새로운 교육을 시도하고자 했던 열망이 좌절되는 순간이었다. 실망이 컸다.

나는 아직도 이때 한가람고가 전국 단위의 자사고 지정을 받았다면 한가람고의 교육과정과 교육방법이 훨씬 더 발전할 수 있었을 거라고 생각한다. 고등학교 운영체제와 교육과정, 교수학습 방법 등에 이르기까지 대한민국 교육사에 있어 또 하나의 이정표 역할을 했을 것이다. 만일 그렇게 되었다면 나 개인적으로는 외국인학교인 청라달튼학교 설립이라는 새로운 도전에 나서지 않았을지도 모른다. 한가람고의 자사고 지정 실패는 내가 시도할 수 있는 '자율적인 학교 운영'에 한계가 분명하다는 것을 여실히 깨닫게 해준 사건이었다.

영등포여상,
살아남으려는 학교의 슬픔

■ 1997년 서울 신정동에서 개교한 한가람고가 새로운 학교
의 실험을 진행하는 동안 같은 교정에 있던 영등포여상의 교사와
학생들은 상처를 받고 있었다. 당시 나는 두 학교의 교장을 겸임
하고 있었는데, 처음에는 이런 사실을 전혀 눈치 채지 못했다.

한가람고가 개교하고 얼마 뒤 영등포여상의 학생들이 불안해
한다는 이야기를 듣게 되었다. 영등포여상의 일부 교사가 "교장
이 영등포여상을 없애려고 한다"는 식의 말을 했고, 그 결과 학생
들이 동요하고 있다는 소식이었다.

이야기를 들은 바로 다음 날, 나는 학생들과의 대화를 시도했
다. 1교시가 시작되는 오전 8시 20분경 3학년 학생들부터 차례로
한 학년씩 강당으로 불러 모아 교장인 내가 직접 마이크를 들고
질의응답 하는 시간을 갖기로 한 것이다. 그런데 3학년 학생들과
만나기로 한 그 시간에 3학년 학생들은 물론 1, 2학년 학생들과

교사들까지 모두 강당으로 몰려왔다.

일부 교사들은 언론사 기자들까지 불러와 강당 뒷문을 잠갔다. 방송국과 언론사에는 '영등포여상에 사학비리가 터져 강당에서 학생들이 농성 중이니 취재하러 오라'고 제보를 한 것이었다. 교장과 학생들 간에 진행된 질의응답 과정을 두 시간 가까이 지켜보던 기자들은 사학비리에 대한 뉴스거리를 기대했다가 별다른 소득이 없자 대부분 그냥 돌아갔다.

하지만 그날 나와 학생들은 학교 일과가 끝나는 오후 3시 반까지 강당에 갇혀 같은 내용의 대화를 끝없이 되풀이해야 했다. 화장실도 가지 못했다. 학생들은 계속 "교장 선생님, 왜 우리 학교를 없애려고 하세요?"라고 물었고, 나는 계속 "우리 학교를 왜 없애겠니? 내가 너희들과 영등포여상을 위해 지금까지 해온 일들을 알지 않니?"라고 답하는 수밖에 없었다.

그날의 사태를 처음부터 끝까지 남아 취재한 전교조 측 월간지 〈우리교육〉은 그날의 일을 '살아남으려고 하는 학교의 슬픔'이라는 제목으로 기사화했다. 사회 변화와 대학 진학 선호로 인한 피할 수 없는 실업계 고등학교의 미달 사태와 그로 인한 학교의 학급 감축 및 학과 변경이 결국 교사들의 해고로 이어질 수밖에 없다는 내용이었다.

최근 교육부가 폐교 조치한 지방 대학의 교수들이 폐교 조치

처분금지 가처분 소송을 제기했으나 재판부가 "교수들의 직업에 대한 권리는 학생들의 교육권에 앞설 수 없다"하여 기각했다고 한다. 이 기사를 보니 20여 년 전 영등포여상에서 겪었던 그 일이 자연히 떠올랐다. 학교는 가르치는 사람들의 직장이기도 하지만 무엇보다도 학생들이 배우는 장소다. 학생들이 가장 적절한 형태로 교육을 받도록 하기 위한 변화를 가르치는 사람들이 가로막는 것은 우선순위를 혼동하는 것이다.

당시는 한가람고의 개교 설명회가 있은지 얼마 되지 않은 시기였다. 한가람고의 교장으로서 나는 '우리나라의 교육 현실을 바꿀 새로운 교육을 시도하는 선구적인 사람'으로 추어올려졌고, 영등포여상의 교장으로서 나는 '실업계 고등학교를 무자비하게 없애려는 악덕 교장'으로 매도되는 극과 극의 상황이 연출되었다.

그 후 일 년여 동안 학교에는 밤새 교장실 문과 복도 벽에 빨간색 페인트로 '악덕 교장 물러나라'는 글귀가 쓰이는가 하면, 내가 타고 다니는 차에 빨간색 스프레이로 입에 담지 못할 욕설이 적히는 등 참담한 일이 벌어졌다. 참으로 견디기 어려운 고통의 나날이었다. 나는 그것을 '실업계 고등학교에 다니고 있는 어린 학생들의 자격지심을 이용해 어른들이 벌이는 일'이라고 판단했다. 그들과 싸우는 와중에도 학생들이 다칠까 싶어 당하고 참는 것 외에는 달리 방법이 없었다.

그러던 어느 날, 한 시의원이 다짜고짜 학교 교장실로 전화를 걸어와 "교장으로서 어떻게 학생들의 인격을 침해하는 막말을 할 수 있느냐"며 호통을 쳤다. 어리둥절했다. 언제 어떤 상황에서 내가 누구에게 막말을 했다는 것인지, 되묻지 않을 수가 없었다. 마땅한 답이 나오질 않았다. 분통이 터졌다. 그에게 "내가 직접 가르쳐 졸업시킨 제자가 8,000명이고, 내가 교장으로 졸업장을 준 제자가 만 명이 넘는다"고 말했다. 내가 가르치거나 졸업장을 준 학생들을 대상으로 내가 어떤 교사였고 교장이었는지 일일이 확인해본 적이 있는지 물었다. 그렇지 않다면 어떻게 학교 기관장인 교장에게 확실한 증거도 없이 시의원이 일방적으로 비난하고 질책할 수 있는 권한이 있다고 생각하는지를 따졌다.

그 일이 있고는 얼마 지나지 않아 서울시교육청 서울시의회 감사 기간 중에 출석하라는 연락을 받았다. TV에서 보던 국회 청문회 같은 자리였다. 교육청의 모든 직원들이 생중계 방송으로 지켜보고 있었고, 시의회에 청원을 넣은 영등포여상의 일부 교사가 방청석에 앉아 있었다.

시의원으로부터 질책성 질문이 쏟아졌다. 나는 교육 통계를 들어 사회 변화로 인해 실업계 고등학교 지원 학생 수가 급감하고 있는 현실을 설명했다. 또 그동안 영등포여상이 어떠한 자구의 노력을 했으며, 향후 계획이 무엇인지도 상세히 공개했다. 그리고 영등포여상이 국고 보조금을 받지 않고 운영해온 몇 안 되는 사립학교임을 분명히 밝혔다. 그럼에도 질문 공세는 몇 시간이나 이어졌다. 심지어 청문회를 진행하는 위원장이 위원장 자격으로는 질문을 할 수 없자, 다른 시의원에게 진행을 맡기고 내게 질문을 하기도 했다.

그러나 오랜 시간 공방 끝에 시의원들은 내 손을 들어줬다. 오히려 서울시교육감과 교육청의 담당 국장에게 "서울시교육청은 실업계 고등학교의 이런 현실에 대해 어떤 준비를 하고 있는가?"라는 질문을 던지기 시작했다. 시의회는 "영등포여상 일부 교사들이 시의회에 진정한 안건은 시의회에서 다루기에는 부적절하다"는 결론을 내고 청문회를 끝냈다. 1997년은 그렇게 저물어갔다.

그 뒤에도 한가람고가 2000년 8월 서울 목동 신축 교사로 이전할 때까지 영등포여상 학내 시위는 계속되었다. 2001년 영등포여상과 한가람고가 학교법인을 분리할 때까지 영등포여상 일부 교사들은 한가람고 정문에서 확성기를 틀고 시위를 했다.

양계장 학교 건축을
벗어나라

📖 　영등포여상 교사들의 소요가 지속되는 바람에 신정동 영등포여상 부지에서 한가람고를 같이 운영하는 것은 불가능하다는 판단을 하게 되었다. 새로운 학교 부지를 찾던 중 목동 신시가지 아파트 단지에 아직 팔리지 않은 학교 부지가 있다는 것을 알게 되었다. 어머니께서 그간 쓰지 않고 모아두셨던 현금을 내놓으셨다. 나 역시 어머니의 뜻에 따라 아파트를 팔아 돈을 보탰다.

　건축사에게 학교 건물 설계를 의뢰했다. 그 당시 학교 건축으로 유행하던 중정(中庭)을 사이에 두고 ㄷ자 형태로 건물을 배치한 설계안과 ㅂ자 형태를 약간 변경한 설계안이 들어왔다.

　학교 건축에는 몇 가지 정형화된 스타일이 있다. 가장 흔히 볼 수 있는 것은 교실과 복도를 중심으로 일자형 교사동으로 된 학교다. 또 일자형 교사동을 ㄱ자 형태로 배치한 학교, ㄷ자 형태로 배치한 학교가 있다. 그리고 1990년대 이후 등장한 것이 중정을 건물 사이에 배치한 ㅂ자형의 학교다. 2000년대 이후에는 학교 건축자재로 벽돌 외에 다양한 소재가 도입됐다. 벽돌과 다른 소재를 섞어 외관을 화려하게 하거나, 직선 중심의 외벽에 일부 곡선을 도입해 변화를 꾀하기도 했다.

한가람고는 신정동 영등포여상 부지에서 4년간 교과 선택제를 운영해왔었고, 그 이후에 교사를 새로 짓는 상황이었다. 따라서 교실을 일렬로 연결한 일자형 교사동은 교과교실제와 맞지 않는다는 것을 이미 알고 있었다. 학생들의 이동거리가 길어지기 때문이다. 또 관련 교과의 교실을 서로 인접하게 배치해야만 교사들이 통합 수업을 하거나 교재 연구를 하기 쉽다는 것도 파악하고 있었다. 다만 이렇게 교실을 구성하면 학년별로 수업을 해야 하는 학생들의 경우에는 오히려 이동거리가 멀어지는 단점도 존재하기 때문에, 이런 점을 보완할 수 있어야 했다.

또 교과교실제는 학생들이 이동하는 수업이므로 학생 지도가 어려울 수 있었다. 항상 모든 교사가 학생들을 지켜볼 수 있는 건축 구조가 필요했다. 그래서 다음과 같은 요구사항을 설계에 반영했다.

첫째, 학생들이 수직 이동하는 것보다는 수평 이동하는 것이 편리하므로, 저층(지하 1층~지상 3층)으로써 폭 4미터짜리 복도를 사이에 두고 양쪽에 교실이 마주보는 중복도 형태로 설계하도록 했다. 가능한 한 소음이 덜 들리도록 운동장을 찻길 쪽으로, 교실 동을 찻길 반대편으로 배치했다.

둘째, 지하 1층에는 남과 북으로 썬큰 가든(Sunken Garden, 햇빛이 들어오게 위가 트인 오목한 공간의 정원)을 넣고, 계단강의실과 1층 로비는 3층 유리천장까지 곧장 뚫려 있게 해서 건물 내부로 빛이 들어오게 만들었다.

셋째, ㄱ자 형태의 건물이 꺾어지는 중심부에는 1층에서 접근해서 지하로 내려가는 계단강의실을, 운동장을 내다보는 가장 좋은 위치의 1층에는 카페테리아를, 2층에는 도서실을 배치했다. 도서실 옥상에는 야외 활동이 적은 학생들을 위한 옥상정원을 설치했다.

넷째, 양쪽 교실 사이의 중복도에는 학생 전원이 개인별로 사용할 수 있는 사물함을 설치하고, 교실문은 유리로 개방해서 교실 내부가 훤히 들여다보이도록 만들어 교사들도 복도를 손쉽게 내다볼 수 있게 했다.

다섯째, 1층에 위치한 비교적 넓은 면적의 계단강의실과 대형강의실, 식당을 보다 쾌적하고 개방감이 있는 공간으로 만들기 위해 1층 층고는 4. 2미터, 2~3층 층고는 3미터 이상으로 했다.

여섯째, 학교 내부 인테리어 마감을 하면서 전기 인터넷 등 배관은 물론, 콘크리트와 블록을 그대로 노출하게 하여 유지 보수

한가람고등학교의 로비, 계단강의실, 식당, 옥상정원, 도서실, 공부방의 모습.

와 관리가 쉽게 이루어지도록 했다.

일곱째, 일반 교과실을 가로 8미터에 세로 8미터(면적 64제곱미터)로 구성하여 어떤 방향으로든 책상과 도구를 배치할 수 있도록 했다. 복도는 4미터로, 소규모 교실은 가로 4미터에 세로 8미터로, 큰 교실은 가로 8미터에 세로 12미터 등으로 모듈화했다.

이렇게 지어진 한가람고의 신축 교사는 교과교실제가 시행되면서 전국 시도 교육청을 비롯한 단위학교의 벤치마킹 대상이 되었다.

'캠프 사건'에서
얻은 교훈

한가람고가 개교 이후 쌓아왔던, 어찌 보면 언론과 방송이 찬사와 함께 일방적으로 부여해준 긍정적이고 개혁적인 이미지는 2001년 1월에 터진 이른바 '캠프 사건'으로 큰 손상을 입었다. 1999년 겨울방학과 2000년 겨울방학, 2년여에 걸쳐 인천 경인유스호스텔에서 이뤄진 합숙 보충수업이 이른바 '합숙 과외'로 언론에 크게 보도된 것이다. 한가람고는 '겉으로는 열린 교육을 외치지만, 속으로는 입시 교육을 하는 이중적 학교'로 매서운 질타를 받았다.

당시 서울 시내 대부분의 일반계 고등학교는 0교시부터 방과 후까지 학생의 희망이나 선택과 관계없이 보충수업을 운영하고 있었다. 야간자율학습 역시 전혀 자율적이지 않은 방식으로, 사실상 강제적으로 운영되고 있었던 것이 현실이었다. 더욱이 공부를 잘하는 학생과 그렇지 않은 학생들로 나누어 시키는 방과 후 자율학습의 폐해는 컸다.

그러나 한가람고는 1998년부터 희망 학생, 희망 교과에 한해 보충수업을 한다는 원칙을 갖고 있었다. 자율학습 역시 열람실을 만들어 희망하는 200여 명의 학생(전교생의 25퍼센트 정도)만 받아서 운영했다. 다행히 1기 입학생의 수능 모의고사 성적이 서울 시내에서 외고 다음 가는 수준까지 나와준 덕분에 학교가 다양한 교육 활동을 하는 데 대한 부담이 덜했다. 반면 2~4기 입학생의 성적은 기대에 미치지 못했다. 성적이 일정 수준에 미치지 못하면 대학 진학이 목적인 일반계 고등학교로서는 학생과 학부모의 지지를 얻기가 쉽지 않다.

대학입시 교육은 학생들이 공부한 양과 절대적으로 비례하며, 이미 고등학교 이전 단계에서 그 차이는 벌어지고 있었다. 사실상 평준화라 해도 서울은 지역에 따라 격차가 심한 편이었다. 고등학교에서 절대적으로 학습량이 부족한 학생들에게 대학입시 준비는 뒷전으로 미뤄놓게 하고 학업 이외의 다양한 학생 활동을 하도록 권하기는 어려웠다. 자칫 학교의 교육력에 대한 학생과 학부모의 불신을 야기해 한가람의 교육철학과 설립 목적을 구현할 수 없게 만들 수도 있는 위기 상황이었다.

그러던 중 학교운영위원 한 분이 방학을 이용해 당시 유행하던 기숙학원에 자기 아이를 보낼까 하는데 5주 동안의 비용이 170만원이나 된다면서, 학교가 운영하는 연수원 시설을 이용해 방학 중 보충수업을 해주면 부모들이 저렴한 비용으로 안심하고 아이들을 맡길 수 있지 않겠느냐는 이야기를 했다. 그 학부모의 제안을 듣고 나는 한 학생을 떠올렸다. 열심히 노력하고 있지만 고교 입학 전까지 누적된 학습 결손으로 인한 한계 때문에 힘들어하는 가정형편이 어려운 아이였다. 한가람고는 2000년 8월 말 신축한 목동 교사로 이사하기 전까지 신정동에 영등포여상과 함께 있었다. 그리고 그 지역에서 배정을 받은 학생들은 대부분 가정형편이 넉넉한 편이 아니었다.

하루 삼시 세끼 식대는 학교 직영급식비와 동일하게 책정하고 시간당 교사에게 주는 보충수업비 수당도 학교에서 지급하는 수준으로 계산해보니, 방학동안 내내 수업을 하더라도 학원비의 30퍼센트 정도면 되었다. 학원과는 비교할 수 없을 만큼 저렴했다. 물론 방학 휴가를 포기하는 교사들의 희생이 전제되어야 했지만 아이들에게 더없이 좋은 기회가 될 것 같았다. 일부 가정형편이 어려우나 공부하기를 희망하는 학생들(참여하는 전체 학생 수의 10~20퍼센트)을 교사 추천으로 면제받을 수 있게 조치한 뒤 합숙 보충수업을 계획했다.

이 보충수업은 결코 비밀이 아니었다. 공개적으로 발표하고 실시한 것이었다. 하지만 일부 방송과 언론이 마치 학교가 돈을 벌려고 몰래 불법행위를 한 것처럼 녹음기와 카메라를 숨긴 채 갑작스럽게 연수원을 습격하여 교사들을 취재하고 보도했다. 제대로 변명할 기회도 없이 여론의 십자포화를 맞고 학교는 만신창이가 되어버렸다. 더욱이 마음을 아프게 한 것은 그동안 교장을 철석같이 믿고 따르던 교사들이 언론의 보도 이후 '불법행위에 동조한 것 아닌가' 하는 의심을 하고 자괴감에 빠지는 모습을 보는 일이었다.

그간 우리 학교가 언론에 많이 노출되지만 않았던들 이 정도까지 비난은 받지 않았을텐데, 한가람에 대한 기대가 컸기에 실망도 큰 것이라고 스스로 위안을 삼았다. 교육청의 감사가 뒤따랐다. 감사 결과, 교장의 지시를 따른 교사들에게는 최대한의 피해가 가지 않도록 호소하여 책임자로서 교장만 중징계 처분을 받는 것으로 끝났다. 교사와 학교가 돈을 벌려고 한 일이 아니었음이 밝혀져 그나마 다행이었다.

그러나 이 사건은 역설적으로 학부모들에게 한가람이 입시 교육도 소홀히 하지 않는다는 인식을 심어주는 계기가 되었다. 학교에 '겉으로 요구하는 것'과 '실제 바라는 것' 사이의 간극이 큰, 이중적 한국 교육의 현실을 보여주는 대목이다. 위정자들과 교육계에 종사하는 사람들 중 평준화에 대한 확고한 신념을 표하는 이들이 적지 않지만, 이들 중에 적지 않은 사람들이 자기 자식

만큼은 특목고와 자사고에 보내려 하는 것도 같은 맥락이다.

이 사건을 기점으로 법의 테두리 안에서 한가람고의 당초 설립 철학과 목적을 살리면서도 학생들의 학력을 신장시키기 위해서는 더욱 큰 노력을 기울여야 함을 배웠다. 한가람이 의도했던 다양한 교육 활동에 의한 자연스러운 결과물로서 학력 또한 신장될 수 있는 방안을 모색해야 했다.

평준화를 벗어나
자율형 사립고로

여러 어려움 끝에 다시 기회가 찾아 왔다. 이명박 정부가 고교 다양화 정책의 일환으로 도입한 자율형 사립고 제도를 활용하기로 했다. 2009년 5월, 자율형 사립고 지정을 신청했다. 이를 위해 그동안 평준화 정책으로 인해 엄두를 낼 수 없었던 교육과정, 법적인 제한으로 인해 하고 싶어도 하지 못했던 고민들을 모두 담아 미래를 살아갈 학생들을 위한 새로운 교육과정을 만들었다. 4차 산업혁명 시대 이후에 대두할 학문 간의 융·복합화에 따른 고민과 학생들의 진로와 적성, 학습 능력을 고려하여 이수해야 하는 고등학교 교육과정에 대한 고민의 결과였다.

2009년도에 만든 교육과정의 주요 내용은 다음과 같다.

첫째, 학생들은 국어, 사회, 수학, 과학, 영어, 체육 교과 영역을 최소한 2년 이상, 4학기 이상 공부해야 한다. 그리고 예술, 실업, 제2외국어 및 한문 교과 영역은 최소한 1년 이상, 2학기 이상 공부해야 한다.

둘째, 교과 영역별로 주어진 최소 이수 학점을 반드시 이수해야 하며 정해진 학습평가 기준 이상을 취득해야만 하는 학점제를 실시한다. 학생 스스로 자신의 학습 능력·적성·진로 등을 감안해 신중하게 교과를 선택하도록 하여 학교생활에 집중할 수 있도록 한다.

셋째, 동일 교과 영역 내에서 학생의 학습 능력·적성·진로에 따라 수준이 다른 교과를 선택하게 한다. 학생의 학습 과정을 단순한 연령이나 학년으로 구분하는 것이 아니라, 실제 개개인의 학습 능력과 적성에 따라 교과 선택이 가능하도록 무학년제를 도입한다. 같은 교과 내용을 잘 하는 학생들에게도 한 번, 못 하는 학생들에게도 한 번 똑같이 가르치는 형식적인 수준별 교육과정이 아니라, 동일 교과 영역 내에서도 개개인의 능력과 소질에 따라 이수 경로를 달리할 수 있도록 하는 실질적인 수준별 교육과정을 운영한다.

넷째, 교과 영역별로 주어진 최소 이수 학점의 총 합계(150학점) 외에 추가로 부여되는 학점(30학점)은 학생이 자유롭게 선택할 수 있도록 한다.

다섯째, 교과 외 창의적 재량 활동으로 주어진 24학점은 봉사 활동(지역사회 활동과 개인별 봉사 활동), 체험 활동(직업 및 주제별 활동),

특별 활동(동아리 활동), 과제 연구(학생이 선택한 특정 영역에 대한 과제 연구)로 각 6학점씩으로 구성한다. 각 활동의 구성과 운영 과정에서 학생들의 자율권을 보장함으로써, 학생들의 의사소통 능력과 팀워크, 리더십, 창의력 신장에 도움이 되도록 한다.

여섯째, 학점제 실시에 대한 부담감을 줄여주기 위하여 2주 내지 4주마다 수시평가를 실시한다. 이는 한 학기에 2회 실시하는 정기고사에 대한 압박감을 줄여주고 평소 꾸준히 학습을 하는 태도를 길러주기 위해서였는데, 사실 더 큰 이유는 사교육으로부터 학교 교육이 영향을 받지 않게 하려는 데 있었다.

일곱째, 과제 연구 교과는 '통과(Pass)' 또는 '실패(Fail)'로 평가한다. 연구 주제는 학생 스스로 관심을 갖고 있거나 향후 지속적인 학습계획을 갖고 있는 분야에서 선택해 재학 기간 중 교사의 지도하에 연구 제출하며, 지정된 기일까지 별도로 구성된 위원회에서 인정을 받아야 졸업할 수 있다.

여덟째, 학기는 1, 2학기와 계절학기가 있다. 계절학기를 둔 이유는 학점 취득에 실패할 경우 만회할 수 있는 기회를 주기 위해서며, 계절학기에 이수할 수 있는 최대 이수 학점은 9학점(3학점은 75분 수업, 34회)으로 제한한다.

그러나 이와 같이 교과 선택권을 학생들에게 전면적으로 부여할 수 있는 것은 모든 교과가 경쟁력을 갖추고 있을 때만 가능한 것이었다. 경쟁력 있는 교과를 만드는 것은 교사다. 교사가 교과에 대한 전문성을 갖추고 지속적으로 연구 개발하려는 노력을 지원할 수 있도록 학교 조직과 인사 체제를 관리하는 데 힘썼다.

대한민국
최고 경쟁률의 학교

2009년 12월 3일, 자율형 사립고 첫 입학생의 원서 접수가 마감되었다. 당시 한가람고의 경쟁률은 남학생 8 대 1, 여학생 10 대 1로, 서울시 자율형 사립고는 물론 자사고, 특목고 모두를 합해서도 최고의 경쟁률을 기록해 세간의 이목을 끌었다. 이어진 12월 9일 남학생 추첨일과 10일 여학생 추첨일에도 여러 방송사에서 취재를 나올 정도로 열기가 매우 뜨거웠다.

탁구공을 추첨하는 방식으로 학생들을 뽑았는데, 경쟁률이 높다는 이유로 다른 학교들은 부러워했지만 나는 들어오고 싶어 하는 학생을 본의 아니게 받아주지 못하는 괴로움이 더 컸다. 특히 사회적배려대상자, 특례전형 등에서 탈락한 학생들의 사연은 하나하나 구구절절하여 몇 번이나 눈시울을 붉혔는지 모른다.

지금도 기억나는 것은 사회적배려대상자 1단계 전형이 끝난 다음날 받은 한 통의 편지다. 우편 소인이 없는 채로 우체통에 들어 있었다. 전형에서 떨어진 학생의 학부모가 A4 용지 한 장 가득 편지를 적어 보낸 거였다. 편지에는 자녀가 구강부터 항문까지 염증이 발생하는 난치병인 크론병을 앓고 있다는 사연과 함께 '아이가 전형에서 떨어진 후 방문을 걸어 잠갔습니다. 영혼과 육체를 모두 팔아서라도 학교에 보내고 싶었는데 가슴이 무너집니다' 라는 문구가 적혀 있었다. 그 학생에게 정말 미안했다.

또 특례전형에 지원했던 조선족 학생도 기억에 남는다. 작은 체구에 유행에 다소 뒤떨어진 차림을 하고 왔지만, 원서도 1등으로 접수했고 면접장에도 가장 먼저 도착한 학생이었다. '부지런한 것이 제일 장점' 이라고 자기를 소개한 학생은 한가람고의 교과체계를 분석해서 10분 동안 자신이 입학해야 하는 이유를 설명하고, 열심히 공부해 교사가 되겠다는 포부를 밝혀 큰 감동을 주었다.

그러나 이 학생들을 내 마음대로 다 뽑을 수는 없었다. 공정한 추첨 결과에 따라야 했기 때문이다. 일반전형 추첨을 하던 날에도 이런 저런 사연은 많았다. 한 아버지는 '평생 원망을 들을까봐 대신 뽑을 수 없다' 며 아이에게 직접 공을 뽑게 했다. 끊임없이 기도를 하며 공을 고르고 골라 뽑는 학생도 있었다. 그런 간절한 마음을 외면할 수밖에 없는 상황이 힘들었다.

모든 자율형 사립고의 인기가 한가람고처럼 높았던 것은 아니다. 한가람고가 그동안 10여 년에 걸쳐 실행해온 학생 선택형 교육과정, 전과목 교과교실제, 반바지와 티셔츠 교복 등이 그간 주목을 받아온 것도 경쟁률에 한몫을 했다. 또한 학교가 속한 지역사회에서 이미 한가람에 대한 신뢰도와 만족도가 높았던 것도 이유였다. 이후 자율형 사립고에 대한 인기가 예전만 못하다는 평가 운데서도 한가람고는 꾸준히 높은 경쟁률을 기록하는 중이다.

최근에 자율형 사립고가 입시 위주로만 운영된다는 비판을 받고 있지만, 한가람고는 분명 다른 교육철학과 설립 목적을 가지고 자사고가 되기로 결정했다. 과거 일반고 시절에도 고등학교 교육이 나아갈 바를 제시하고 차별화된 교육을 실시하고자 부단히 노력했으나, 일방적으로 강제 배정받는 학생들로는 여러 가지 한계가 있었다. 자사고로 전환해서 지원을 받아 학생을 뽑는다면, 학교 운영방식에 대한 학생과 학부모의 동의를 어느 정도 구하고 시작할 수 있기 때문에 새로운 시도를 끝까지 밀어붙이는데 대한 부담이 훨씬 적을 것이다. 그렇게만 된다면 분명 한가람 교육 실험의 완성도를 한층 더 높일 수 있으리라고 기대했다.

그래서 도입한 것이 이수 경로를 달리하는 교과 선택제와 무학년제, 학점제였다. 학점제를 도입한 것은 그동안 평준화에서 해온 한가람의 교과 선택제의 완성도를 높이기 위함이었다. 그리고 수시평가와 과제 연구 등을 확대했다. 사교육으로부터 아이들을 해방시키고, 고등학교 교육이 미래 사회에 대비할 수 있는 교육을 하려는 목적이었다. 그동안 어려운 환경에서도 꿋꿋하게 버텨온 체제를 한층 더 발전시켜 경쟁률이 높을 뿐 아니라 대한민국 최고의 학교가 되기를 꿈꿨다.

반바지에 티셔츠 교복을
선택한 이유

한가람고 개교 초기, 교과 선택에 따른 이동 수업을 하면서 예상치 못한 문제가 발생했다. 한참 땀 냄새가 나는 성장기 고등학교 남학생들과 여학생들이 함께 한 교실에 모여 수업을 받게 되자, 대놓고 말하지는 못해도 공부에 집중하기 어렵다는 불만 섞인 목소리가 들려왔다.

일반적으로 남고에 다니는 남학생들은 더운 여름이면 바지를 걷어 올리거나 러닝셔츠 바람으로 지내기도 한다. 하지만 남녀공학인 한가람고에서는 남학생들이 교복 와이셔츠 안에 반팔 면 티셔츠를 껴입는 일이 흔했다. 날씨는 해마다 점점 더 더워지는데, 한창 활발하게 움직일 나이의 아이들이 입기에 교복은 너무나도 불편해보였다. 내가 고등학교에 다녔던 20~30년 전과 비교해도 옷감이 더 좋아졌다고 보기 어려웠다. 통풍도 잘 안 되고 땀도 제대로 흡수하지 못했다.

몇 개 안되는 교복 셔츠는 매일 빨고 다려도 금세 더러워지거나 구겨지기 일쑤였고, 아침 일찍부터 저녁 늦게까지 거의 하루에 15시간 이상을 학교에서 생활하는 학생들로서는 세탁해서 입을 시간도 턱없이 부족해보였다. 그러니 교복은 항상 때에 찌들거나 누렇게 변해 있었고, 고3쯤 되면 품이 맞지 않아 여학생들조차도 앞단추를 풀어헤치고 다니는 경우가 다반사였다. 보기 싫었다. 교복이 제 기능을 잃어버렸다는 생각이 들었다.

교사들과 머리를 맞댔다. 기존의 상식을 바꾸자는 의견이 나왔다. 빨기 좋고 다리지 않아도 되는 면 100퍼센트 폴로 티셔츠와 반바지 교복으로 하복을 대체하기로 하고, 이를 학교운영위원회에 제안했다. 색상을 결정하자 학부모들이 동대문시장에 가서 단체로 폴로 티셔츠를 사왔다. 그 후 반바지도 색상만 지정해서 개별적으로 일반 상점에서 사 입게 했다.

이렇게 정해진 새 교복 값은 기존 교복 가격의 20~30퍼센트에 불과했다. 와이셔츠 하나 값으로 폴로 티셔츠 여러 장을 사서 매일 손쉽게 세탁하고 갈아입을 수 있었다. 학부모들이 제일 좋아했고, 학생들 역시 학교에서의 생활이 더 편해지고 즐거워졌다. 처음에는 주변 학교로부터 "교복이 그게 뭐냐?"는 핀잔 섞인 뒷말을 들어야 했다. 하지만 학생과 학부모가 대찬성하는 새 교복을 주변의 불편한 시선 때문에 포기할 이유는 없었다. 그 뒤 겨울에도 우리는 가디건 대신에 후드티를 채택했다.

그리고 2018년도 시도교육감 선거에선 각 후보들이 경쟁적으로 학생들이 원하는 후드티와 반바지 교복을 모든 공립학교에 채택하게 하겠다는 공약을 내놓기에 이르렀다. 세상이 바뀐 것이다.

10여 년 만에 '대세'가 된 반바지 교복

2018년 7월, 문재인 대통령은 국무회의에서 '편안한 교복' 도입을 검토하도록 김상곤 교육부총리에게 주문했다. 김 부총리도 "교육감들과 협의해 검토하겠다"고 답했다고 한다.

한가람고가 반바지 교복을 도입한 지 10년이 지났지만 교복은 점점 더 불편해지는 쪽으로 진화했다. 교복업계가 '핏(입었을 때 옷태)'을 강조하면서 나타난 현상이다. 생활하기 편한 활동성보다 보기에 좋은 디자인이 강조되면서 허리가 잘록해 보이도록 하는 몸에 붙는 옷들이 쏟아졌다. 10대 후반이면 신체적으로는 이미 성인인데, '여고생 교복이 7세 아동복보다 작다'는 보도가 줄을 이었다. 팔을 들어올리기도 버겁고 숨도 잘 안 쉬어진다는 호소가 잇달았다.

한가람고 식 교복이 다시 주목받은 것은 이런 맥락에서다. 보수·진보도 가리지 않았다. 진보 성향으로 분류되는 조희연 서울시교육감은 재선에 나서면서 후드티와 반바지 같은 교복으로 바꾸겠다는 공약을 내세웠고, 보수 성향으로 분류되는 강은희 대구시교육감 후보도 활동성을 강조한 '착한 교복'을 공약으로 내걸어 당선됐다.

교복이 반드시 정장 형태여야 할 필요는 없다고 본다. 학생이 가장 편안하게 교육을 받을 수 있으면 되는 것이다. 반바지에 후드티를 입고 공부하면 학생들이 엇나가는가? 그렇지 않다. 학교에 대한 고정관념과 교복에 대한 고정관념, 모두 버릴 때가 됐다.

한가람고,
학점제를 도입하다

📖 학점제는 수업일수만 채우면 진급 및 졸업을 할 수 있는 학년제와 달리 정해진 성취 수준에 도달해야만 해당 과목의 학점 취득을 인정하고, 재학기간 중 반드시 이수해야 할 학점을 취득해야만 진급이나 졸업을 할 수 있는 제도다.

한가람고가 자율형 사립고로 전환하면서 학점제를 도입한 것은 고교 교육과정의 완성도를 높이기 위해서였다. 또한 학생들에게 교과 선택에 대한 책임감을 부여하고, 교사들에게 평가의 공정성과 객관성을 확보하도록 하기 위함이었다. 1학년, 2학년, 3학년이라는 틀에 얽매이지 않고 완전히 학습 능력에 따라 이수 경로를 달리하는 무학년제 교육과정을 운영하기 위해서는 학점제가 필요했다.

한가람고를 개교한 후 10년간 교과 선택제를 운영하면서 그 필요성을 절감했다. 학생과 학부모들은 종종 학생의 학습 능력을 과대평가하거나 금세 성취 수준을 끌어올릴 수 있다는 식의 비현실적인 낙관을 한다. 이로 인해 이수 경로를 달리하는 교육과정을 운영하면서 학점제를 도입하지 않을 경우, 일부 학생들이 자신의 학습 능력을 넘어서는 수준 높은 교과목을 무리하게 선택하는 상황이 발생할 수도 있었다.

이는 학생 개인의 진로나 학교생활에 결코 도움이 되지 않는다. 뿐만 아니라 학교의 교육과정 운영 자체를 어렵게 만든다. 자신의 수준 이상의 과목을 선택해서 실제로 낮은 성취도를 보였을 때 무작정 통과시킬 수도 없고, 그렇다고 상위 학년으로 진학하지 못하게 막을 수도 없기 때문이다. 따라서 일정 수준 이상의 성취를 이뤘을 때만 학점을 부여하는 학점제는 학생의 진로 선택과 학습 능력에 따라 이수 경로를 달리하는 교육과정을 운영하기 위해서도 필수적이다.

하지만 학점제를 시행하기 위해서는 먼저 해결해야 할 과제가 있다. 절대평가제와 유급자에 대한 대책이다. 학점제를 적용하면 다음 학년으로 진급하지 못하는 '유급자'나 졸업을 할 수 없는 학생이 나올 수밖에 없었다. 그래서 중간고사와 기말고사 만으로 평가하기보다 수시평가를 통해 유급자 수를 최소화하려고 노력했다.

그러나 현실의 벽에 부닥치는 데에는 그리 오랜 시간이 걸리지 않았다. 처음에 자율형 사립고 지원 자격은 중학교 성적 상위 50퍼센트 이내였다. 그러나 이들 가운데 추첨으로 선발된 학생들의 학력 수준은 상당히 들쭉날쭉했다. 심지어 고등학교 학업을 수행하는 데 어려움을 겪는 학생들마저 있었다. 중학교 때 스스로 공부하기보다는 학원 등의 도움을 받아 반에서 중간 이상의 성적을 낸 경우였다.

공부해야 하는 내용이 많고 어려워지는 고등학교에서는 중학교 때처럼 학원의 도움을 받아 수동적으로 공부해서는 좋은 성적을 받기가 어렵다. 게다가 한가람고는 학생들이 스스로 원하는 분야를 골라서 높은 수준까지 공부할 수 있도록 하는 교육과정을 설계하고 있었다. 지금까지 수동적인 학습만 해왔던 학생들이 이러한 학교 분위기에 적응하는 일은 결코 쉽지 않아 보였다. 결국 유급생을 위한 계절학기를 도입하기로 하고, 방학 중 계절학기 운영에 따른 수업일수를 확보하기 위해 2월 조기입학을 계획했다.

하지만 당시 서울시교육청은 한가람이 자율형 사립고 지정 시 제시했던 학점제에 대해 사사건건 문제 제기를 하면서 회의적인 시선을 보내고 있었다. 그럼에도 내가 교장으로 재직하는 동안에는 절대 뜻을 굽히지 않았는데, 결국 2월 조기입학 시행은 허락되지 않았다. 학점제를 제대로 하려면 계절학기가 필연적이었고, 계절학기를 하려면 2월 입학이 가능해야 수업일수 계산이 맞았다.

그런데 지방의 다른 학교에서 한가람의 2월 입학을 본 따 사전교육을 하다가 문제가 되는 사례가 발생하자, 이를 빌미삼아 2월 조기입학을 할 수 없다고 결정해버린 것이다. 점점 더 회의가 밀려왔다. 몸과 마음이 모두 지쳐갔다.

우리는 할 일이 많았다. 미래 사회에 대비할 수 있도록 교과별 교육과정을 바꾸고 교수학습 방법을 연구·개발하고 평가 방식을 개선해야 하는 과제는 여전히 남아 있는데, 자율형 사립고로 지정만 해놨지 통제 위주로 학교를 바라보는 교육당국의 태도는 평준화 시절과 조금도 달라지지 않았음을 느꼈다. 게다가 일관성 없이 손바닥 뒤집듯 바뀌는 교육과정, 수학능력시험제도, 내신평가제도도 학교의 자율성을 옥죄고 숨 막히게 했다. 점점 더 획일적으로 몰아가는 교육정책을 이겨내기가 어렵다는 생각마저 들었다.

그럼에도 한가람은 학생들의 교과 선택권을 유지한다는 원칙을 고수했다. 다만 수시로 바뀌는 교육과정과 입시 제도로 인해 학교 현장의 교과 선택이 춤추듯 바뀌어가니, 교과 선택 자체가 학생이나 학부모에게 또 다른 부담이 되어갔다. 그래서 도입한 것이 아카데믹 어드바이저(AA)였다. 진로 지도의 전문성을 갖춘 교사로 하여금 학부모와 학생들을 대상으로 교과 선택과 진로에 대해 충분히 지도하도록 하여 학교 현장에서의 혼란을 방지하고

자 한 것이다.

　이때 아카데믹 어드바이저는 기존 학교의 담임교사와는 달리 1학년 입학 때 담당 학급이 정해지면 3학년 졸업 시까지 계속 해당 학급을 지도하게 되어 있었다. 다른 학교와 다르게 한가람에서는 학급에 상관없이 교과 선택에 따라 각각의 수업집단이 교과별로 편성되기 때문에 가능한 제도였다. 아카데믹 어드바이저 제도는 수시로 바뀌는 교육과정과 입시 제도에 대비하여 교사의 전문성을 높일 수 있는 계기를 마련했다.

전국 고교로 확대하는 학점제 정책에 관하여

한때 한가람고의 학점제를 반대했던 교육당국은 이제 정부 정책으로 고교 학점제를 추진하기로 했다. 2017년 11월 교육부가 발표한 '고교 학점제 추진 방향 및 연구학교 운영 계획안'에 따르면 정부는 고교 교육의 패러다임을 '입시 중심에서 학생성장 중심으로', '경직적이고 획일화된 교육을 유연하고 개별화된 교육으로' 바꾸고, 평준화된 고교 체제의 한계를 보완할 수 있도록 '수직적 서열화를 수평적 다양화로' 전환하겠다고 선언했다. 이를 위하여 2018년 하반기부터 고교 체제를 개편하고, 2022년부터는 학점제를 도입하겠다고 밝혔다.

교과 선택제와 학점제, 무학년제를 오랜 기간 운영해온 경험에 비춰볼 때 교육부가 한가람고의 교육실험에 대해 지금이라도 긍정적으로 받아들인 것은 매우 반가운 일이나, 한편으로는 걱정이 앞선다. 학점제 실시 취지를 충분히 이해한 것인지 알 수 없고,

분명히 예상되는 문제점에 대한 보완책이 마련된 것인지 확실하지 않아서다.

현실적으로 모든 고등학교에서 제대로 된 학점제를 시행하는 것은 무리다. 고등학교 이전 단계에서 이미 학습 격차가 크게 벌어져 있는 학생들을 대상으로 일정 수준의 학업 성취를 요구하는 학점제를 실시할 경우, 상당수의 학생들이 고등학교 단계에서 중도 탈락하는 일이 발생하게 될 것이기 때문이다. 학점제를 실시한 후 한가람고가 탈락 학생에게 구제 기회를 주기 위해 계절학기를 운영한 것이나 수업시수를 확보하기 위해 2월 조기입학을 추진했던 것 등은 이러한 부분을 보완하려는 제도였다.

그러나 극히 일부만 높은 수준의 성취를 얻게 하고, 상당수의 학생들을 탈락자로 만들려는 것이 교육당국이 추구하는 학점제의 모습은 아닐 것이다. 아마도 고등학교 단계에서 교과목을 선택하게 하고, 이를 통해 정해진 교과 이수 단위를 취득하는 것을 학점제라고 표현한 것으로 생각된다. 그렇다면 지금이라도 교육당국이 추구하는 정책은 학점제가 아닌 '교과(목) 선택제' 또는 '교과 단위 이수제'임을 분명히 하고 이름을 바로잡는 것이 혼란을 방지하는 길이라 생각한다. 일정 수준 이상의 성취를 이뤄야만 인정받을 수 있는 학점제와는 분명 성격이 다르기 때문이다.

그리고 고등학교에서 교과 선택의 다양성 확보를 고민한다면,

교과목을 상호 교차 선택할 수 있도록 모든 교과의 이수 단위를 단순화하는 작업을 선행해야 한다. 예를 들어 청라달튼학교의 고등학교 과정에서는 전 학년 영어, 사회, 수학, 과학, 외국어 및 기타 선택과목의 학점이 모두 같다. 모든 과목의 주당 수업시간이 동일하다는 뜻이다. 청라달튼학교는 모든 과목을 75분씩, 주 3회 가르치는 방식으로 운영한다. 이렇게 해야 학년 단위가 아니라 학생의 학습 능력에 따라 이수 경로를 달리하는 교육과정이 돌아갈 수 있다.

교과 선택제와 달리 학점제 실시는 교육과정의 이수 경로를 다양하게 운영해야만 성공할 수 있다. 학생들의 학습 편차는 천차만별이다. 고등학교에 들어오기 전 초·중학교에서부터 학습 결손이 누적되어 있기 때문이다. 이런 상황에서 모두 다 동일한 수업을 듣고 일정 수준 이상을 성취하도록 하는 학점제를 실시하면 제대로 학점을 따지 못하는 학생들이 나올 수밖에 없다. 이 학생들을 '실패한 학생'으로 만들어 학교 밖으로 내몰 것이 아니라면, 여러 가지 경로를 만들어 선택할 수 있게 해야 한다.

따라서 학점제 실시 이전에 학습 수준과 진로 적성을 고려해 교과를 다양하게 개설하는 것이 우선이다. 이때 '다양한 교과' 란 나열된 교과의 수뿐 아니라 학년이 같은 학생들이 동일 교과 영역의 공부를 하더라도 서로 다른 학습 수준의 교과를 선택할 수 있는 프로그램을 개별학교 단위에서 운영해야 한다는 뜻이다. 경우에 따라서는 무학년제까지 시행할 수 있어야 한다. 그러므로 학점제의 선제 조건도 다양한 교과 선택이 가능하도록 교과의 이수 단위를 통일하는 것이다. 또 교과별로 절대평가제를 실시해야 하며, 동일 교과 영역 내에서도 학습 수준이 다른 교과를 개발해야 한다.

또 모든 고등학교에서 학점제에 따른 교육과정을 동일한 정도나 수준으로 시행할 수 없을 것이다. 학교 구성원인 교사와 학생 그리고 지역사회에 이르는 여러 변수에 따라 다르게 시행되어야 하며, 그것을 국가가 강제하거나 획일적으로 규제를 한다면 또 다른 문제를 야기하게 될 것이다.

대학은 학생의 성취도만이 아니라 학생이 밟아온 이수 경로도 평가 대상으로 삼아야 한다. 예를 들면 항상 이수 경로에서 선두를 차지하는 학생도 잘하는 것으로 평가받아야 하지만, 이수 경로를 통해 점점 더 발전하는 모습을 보인 학생도 그에 못지않게 중요한 성취를 이룬 것으로 인정받아야 한다.

그러나 만약 교육당국이 '모든 고등학교가 평준화되어 있다'는 평준화 정책의 가정을 버리지 않고 모든 고교 교과를 동일한 수준으로 보아 객관적으로 점수를 매기도록 대학에게 요구한다면, 이 제도는 소기의 성과를 얻을 수 없게 된다. 또한 많은 고교들이 실질적으로 다양하지 않은 교과 선택지만을 제공한다거나, 학교 간 편차가 드러나는 것을 우려해 아예 대학입시에서 고등학교의 이수 과정을 반영하지 못하게 해도 이 제도는 성공할 수 없다. 결국 학생들을 동일한 잣대로 한 줄로 세워 평가하게 되고, 그 잣대가 무엇이냐에 따라 해당 분야의 점수 따기에만 골몰할 수밖에 없게 되기 때문이다. 이 경우 고교 교육과정을 학생의 적성과 진로에 따라 다양하게 운영한다는 당초의 취지는 사라지게 된다.

이 문제를 해결하려면 교육당국이 대학에게 고등학교 교과 간 수준 차이를 인정하도록 열어줘야 한다. 그렇지 않다면 고등학교에서 학생들은 학습 수준이 낮은 교과를 골라 높은 내신성적(GPA)을 따기 위한 경쟁에만 몰두할 것이 불 보듯 뻔하다. 학생들의 학습 동기를 유발하고 잠재된 능력을 개발하는 일은 더욱 어려워질 것이다.

또 다른 문제도 해결해야 한다. 앞서 말했듯 학생 간 차이를 인정하지 않고 무작정 일정 수준의 성취를 강제하는 학점제를 시행하면 분명 중도 탈락자가 나오게 된다. 정부가 학습 결손이 심한 학생들을 학교 밖으로 내모는 결과를 초래할 수 있다는 얘기다. 반면 이를 막기 위해 형식적으로만 학점제를 운영하면 '사실상 성취 수준에 관계없이 수업을 들은 것으로 모두 다 인정받게 하자' 는 손쉬운 유혹에 빠질 수도 있다. 하지만 이렇게 해서 나온 고교 학점제의 결과물을 대학입시에 쓴다면 어떻게 되겠는가? 대학입시와 고교 현장 모두 커다란 혼란에 빠지게 되리라는 건 보지 않아도 알 수 있는 일이다.

학점제는 학생들의 학습 동기를 유발시켜 잠재적인 능력을 최대한 발현할 수 있게 하기 위한 것이다. 또 고등학교 단계에서 다양한 교육과정이 성공할 수 있게 하기 위한 것이다. 그렇기에 각 교과는 동일 교과 영역 내에서도 학습 수준이 다른 교과를 개설하고 운영해야 한다. 또 학생들 각자의 진로나 능력에 따라 스스로 책임감을 갖고 선택할 수 있도록 허용해야 한다. 이를 성공적으로 정착시키기 위해서는 대학입시와 연관 지어야 한다. 이때 학업 성취 수준이 높은 교과를 선택하여 들었는지를 반영하는 것도 필요하지만, 더욱 더 중요한 것은 학생의 발전가능성과 잠재적인 능력을 제대로 평가하는 일이다.

자율형 사립고에 대한
오해

자율형 사립고에 대한 대표적인 비난 중 하나가 이른바 '귀족학교' 논란이다. 자율형 사립고의 수업료 상한선은 일반고 대비 3배다. 달리 말하면 최고 3배까지 더 받을 수 있다는 뜻이다. 2017학년도 기준으로 볼 때 연간 430여만 원 정도 되고, 이를 12개월로 나누면 월 35만 원 수준이다. 이는 물론 적은 금액은 아니다. 하지만 학교에서 학생들은 아침 8시부터 오후 4시까지, 심지어 저녁 10시까지 공부한다. 일주일에 2~3회, 한 번에 2시간 정도를 가르치는 학원비가 이보다 더 높은 경우는 흔하지 않은가.

또한 자립형 사립고가 일반고 대비 높은 수업료를 받고 있다고는 해도 막상 교사 월급은 다른 학교에 비해 단 10원도 올려주지 못하고 있는 것이 현실이다. 교육비를 더 받아도 학교가 쓸 수 있는 돈, 다시 말해 학교가 확보한 재정은 늘어나지 않는다는 소리다. 이는 무엇을 뜻할까? 자율형 사립고의 경우, 학부모에게 수업료를 더 받는 대신 국가가 지원하는 보조금은 받지 않고 있기 때문이다. 이런 상황을 이해하려면 '재정결함보조금'이 무엇인지 알아야 한다.

현재 한국의 교육 체계를 들여다보면, 중등학교 대부분은 공립이건 사립이건 학부모에게서 받는 수업료만으로는 운영될 수 없다. 교사의 월급을 주기에도 턱없이 부족하다. 그래서 마련된 정책이 재정결함보조금이다. 이 부족한 만큼의 수업료를 학부모에게 더 걷지 않는 대신, 국민의 세금에서 인건비 부족분과 각종 학교 운영비를 지원받고 있는 것이다.

실제로 자율형 사립고를 제외한 거의 모든 학교는 이 재정결함보조금을 받고 있다. 전국 시도 교육청이 사립학교에 지원하는 사립학교 재정결함보조금은 2016년 기준 4조 8,931억 원에 이른다.[*] 이는 지역에 따라 조금씩 다르지만 학교당 연간 20억 원 안팎에 달하는 큰 금액이다. 반면 자율형 사립고는 이 돈을 단 한 푼도 받지 않기로 결정한 학교들이다. 그 대신 일반고보다 학부모들에게 교육비를 좀 더 많이 받기로 한 것이다.

따라서 학생 1인당 430여만 원의 교육비를 부담한다는 이유로

---

[*] 한겨레 2017년 10월 2일자 기사에 인용된 더불어민주당 소속 김병욱 국회의원 자료 참조. (http://www.hani.co.kr/arti/society/schooling/813317.html)

'귀족학교'라는 꼬리표를 붙이는 것은 잘못된 일이다. 실제로는 국민세금으로 지원되는 학교 인건비와 운영비를 학교법인과 학부모들이 직접 부담한다는 차이만 있을 뿐이다. 조금이라도 차별화된 교육을 하고 싶고, 받고 싶기 때문이다. 일반 학교 대비 3배에 달하는 등록금은 '평준화를 벗어나는 교육에 대한 비용'인 셈이다.

한가람고가 자율형 사립고가 된 후 꾸준히 높은 지원 경쟁률을 기록할 수 있었던 것은 학교가 확고한 교육철학과 교육목표를 갖고 있고, 교사들이 학생들에게 사랑과 믿음을 보여줬기 때문이다. 교육비 부담이 좀더 되더라도 많은 학생들과 학부모들이 가고 싶어 하는 학교로 자리매김한 결과다. 이러한 사정을 무시한 채 단순히 등록금이 좀 더 비싸다는 이유로 '귀족학교'라고 매도하는 것은 옳지 못하다.

재정결함보조금은 무엇인가

1974년부터 정부는 평준화 정책을 시행했다. 각 고교에서는 학생들을 따로 선발하는 대신 전산 추첨을 통해 배정받았다. 학생들의 학교 선택권이 없어진 것이다. 그 결과 공립학교와 사립학교의 등록금이 똑같이 책정되고, 교사의 인건비도 매년 동일하게 호봉으로 정해서 확정하게 되었다. 그런데 1차 베이비붐 세대(1955~1963년생), 2차 베이비붐 세대(1969~1975년생)가 졸업하고 나자 학교당 학생 수가 크게 줄어드는 시기가 왔다. 또 등록금 상승 폭이 인건비와 학교 운영비 상승 폭을 따라가지 못했다. 이에 국가가 사립학교에 재정 결손에 해당되는 비용을 지원해야 한다는 요구가 커졌고, 그렇게 도입된 것이 재정결함보조금이다.

하지만 평준화 정책과 재정결함보조금은 다음의 두 가지 측면에서 사립학교를 어렵게 만든다.

첫째, 사립학교로의 설립 철학을 계승·발전시키기가 어려워졌다. 평준화 정책에 따라 배정받은 학생에게 학교의 설립 철학을 강조하기는 쉽지 않다. 모든 학교가 똑같다는 것을 전제로 동일한 교육과정을 일률적으로 강제하기 때문이다. 아무리 고유한 설립 철학을 실현하려는 학교라 할지라도 이 같은 프레임을 완전히 벗어나기란 힘들 수밖에 없다.

둘째, 사립학교 스스로 별다른 노력을 안 해도 교육청으로부터 학생을 배정받고 부족한 비용은 재정보조금을 받아 운영하면 되니, 학교를 더 잘 운영하기 위해 굳이 애쓸 필요가 없어진다. 그렇게 하고 싶은 동기도 사라진다.

그러나 국가 주도의 통제와 지시만으로는 학교 교육의 발전을 이끌어내기 어렵다. 더욱이 4차 산업혁명이 이끄는 미래 사회를 살아갈 학생들의 교육은 획일적인 방법과 지침만으로 가능하지 않다. 국가가 평준화의 틀을 깨기 어렵다면 차츰차츰 학교 단위의 변화를 이끌어낼 수 있도록 학교에 동기를 부여하고 자율권을 줘야 한다.

어쩌면 교육당국은 그동안 무수히 많이 시도했다고 항변할지도 모른다. 연구학교, 시범학교 지정 등이 그런 노력의 일환이라고 할 것이다. 하지만 수십 년간 학교 현장을 지켜본 경험에 따르면, 그런 방식의 한계는 명확하다. 재정 지원을 하면 보여주기 식의 시늉만 하다가 재정 지원이 중단되면 다시 예전으로 돌아가는 사례가 수없이 되풀이되었다. 자체적인 동력을 가지고 지속적으로, 어려움이 있어도 해결해가면서 계속되는 근본적인 변화를 만들 수가 없었다.

우선 학교 단위에서 노력할 수 있도록 동기를 부여해야 한다. 학교별 지원 방식이 아니라 공·사립 구분 없는 학생별 지원 방식을 도입해 학교가 끊임없이 학생들을 위한 교육을 고민하도록 만들어야 한다. 즉 학생들만 경쟁으로 내몰 것이 아니라, 올바른 교육을 두고 학교들이 서로 경쟁하도록 이끌어야 한다.

국가는 학교가 창의적이고 자율적인 교육과정을 운영할 수 있도록 교육체제와 대학입시제도, 내신평가제도 등을 획기적으로 개편하여 그 권한의 대부분을 단위 학교로 넘겨줘야 한다. 또 국가와 교육청, 교육단체는 학교가 바른 방향으로 나갈 수 있도록 보다 앞선 교수학습 방법과 프로그램을 소개하고, 학교 단위에서는 자체적으로 하기 힘든 부분을 지원해주는 방식으로 접근해야 한다.

한가람고 교장직을
내려놓다

2010년 11월 27일 오전 10시 40분경, 어머니께서 돌아가셨다. 아침 8시 반경, 다리가 저리고 아프다고 병원에 가셔야겠다면서 옷을 다 입으신 채 현관에 나와 앉아 계셨다. 그러다 힘이 들어 안 되겠다며 좀 쉬었다가 병원에 가시겠다고 하셨다. 한 시간 가까이 그렇게 앉아계신 뒤 9시 반쯤 방으로 다시 모시고 와 눕혀드렸다. 장손을 찾으시기에 불러왔는데, 막상 조카가 오니 얼굴만 보고 바로 집으로 돌아가라고 하셨고, 이어 몇 차례 토하시더니 그 길로 돌아가셨다.

나중에 알고 보니 그날 새벽 몸 안의 배설물이 모두 다 나온 상태였다. 그러나 아무도 몸 아래부터 서서히 생명의 불꽃이 꺼져가고 있음을 몰랐다. 결국 내부 장기 활동이 멎으면서 아침에 드신 음식물을 밀어내다 기도가 막히면서 운명하신 것이다. 평소 바라시던 대로 마지막까지 의식을 잃지 않고 가셨다.

하지만 그렇게 어머니가 허망하게 돌아가시는 것을 보니 내 가슴은 미어졌다. 조금이라도 빨리 병원으로 모셨다면 생명 연장 기계로 며칠이라도 더 사셨을 텐데 하는 생각이 그치지 않았다. 다만 어머니께서 소원하던 대로 많이 아파하시지 않고 편안하게 돌아가셨다는 것에 그나마 마음의 위안을 삼았다.

마침 어머니께서 젊음을 다 바쳐 공사했으나 완성하지 못해 한이 맺힌 청라 매립지(현재 청라국제도시)에 외국인학교를 짓기 위한 기초 공사를 하던 중이었다. 일 년만 더 사셨다면, 학교가 개교하는 것까지 보셨다면 얼마나 좋아하셨을지 그 생각을 할 때마다 더욱 가슴 한쪽이 아려왔다. 그렇게 어머니께서 돌아가시고 그다음 해 2011년 9월 청라달튼학교 개교와 함께 나는 한가람고 교장 직을 내려놓았다.

내 부모님께서는 한국전쟁으로 잿더미가 된 나라를 일으켜 세우기 위해 교육 사업에 힘썼다. 내 사명은 이전 세대에게 요구되었던 2차 산업의 일꾼을 키워내는 것을 넘어 3차 정보화 시대, 세계화, 4차 산업혁명 시대 등에 대비하는 것이라고 여겼다.

그러나 수시로 바뀌는 교육정책하에서 한가람의 교육철학을 올곧게 지켜 나가기란 말처럼 쉬운 일이 아니었다. 자율형 사립고 지정을 받았어도 사실상 학교의 자율성을 인정해주지 않는 풍토는 여전했다. 고등학교 단계에서 차별화된 교육은 결코 인정할 수 없다는 듯 국가가 입시제도와 평가제도(상대평가제와 내신 9등급제 등)로 통제했다. 정부는 미래 사회 변화에 발맞추겠다며 고등학교에 교과 선택제를 권장하면서도 막상 그것을 시행할 수 없게 상대평가제와 내신 9등급제를 도입하고 있다. 하라는 것인지 말라는 것인지 알 수 없는, 도무지 앞뒤가 맞지 않는 주문이다.

예를 들어 물리II 과목을 공부하고 싶은데 우수한 학생들이 몰리거나 수강 학생이 적으면 내신 9등급제에서는 좋은 등급을 받기 어렵다. 내신이 불리해지는 것이 불 보듯 뻔하니 공부를 하고 싶은 학생도 선택을 할 수가 없다. 결국 학생들은 적성이나 진로와 관계없이 성적을 쉽게 잘 받을 수 있는 쉬운 교과나 신청자가 많은 교과를 신청하게 된다. 이에 학교는 내신에 유리하도록 교육과정을 구성하여 패키지로 선택하게 한다. 한때 서울대가 사회선택과목인 한국사 이수를 평가에 반영한다고 하자, 우수한 학생들이 선택하는 한국사를 대다수의 많은 학생들이 포기하는 웃지 못할 일까지 벌어졌다. 결과적으로 대학입시가 교과의 자율성을 제한하는 우를 범한 것이다.

이에 대해 문제 제기를 하는 나에게 한 교육 관료는 이렇게 말했다. "고등학교에서 교과 선택제를 실시하면서 동시에 상대평가제와 내신 9등급제를 유지하는 것이 부적절하다는 것은 알고 있습니다. 하지만 학생의 교과 선택제를 제대로 실시하는 학교는 한가람 하나뿐이기 때문에, 상대평가제와 내신 9등급제를 실시해도 되는 거지요."

참 충격이었다. 정부에서 권장할 만큼 옳은 제도를 실행하는 학교가 소수에 불과하면 무시해도 된다는 것인가? 미래를 위해 소중히 지키고 보살펴야 할 싹조차도 당장의 입시제도 운영방식과 배치되면 언제든 밟아버릴 수 있다는 국가 주도 교육의 무서운 본질을 들여다본 기분이었다.

그러한 국가의 교육과정과 정책이 원래 목적과 다르게 변질되는 것을 여러 번 보아왔다. 정부는 한국사를 중시해야 한다며 한국사를 2017학년도부터 수학능력시험 과목으로 채택했다. 하지만 한국사를 정말 모든 학생들이 제대로 배우게 하려면 대학입시 과목이 아니어야 한다. 그래야 교사들이 자율성을 갖고 제대로 가르칠 수 있다. 그것이 수능과목에 포함되는 순간, 점수 따기 과목으로 전락하는 것이 현실이기 때문이다.

내신 9등급제는 학생에 의한 교과 선택이 활성화되는 것을 막아버렸다. 고등학교 단계에서는 학생 본인의 진로와 적성에 따라 교육을 받을 수 있는 권리가 가장 중요한데, 국가가 내신 9등급제로 그 권리를 원천봉쇄해 버린 셈이다.

사교육을 방지하고 통합적 사고 능력을 측정하겠다며 만들어 낸 수학능력시험을 다시 사교육 방지를 위한 교과목 체제로 바꾸면서, 학생들은 고3 수학능력시험 직전까지 교과목을 붙잡고 있어야 하는 처지가 됐다. 배움의 즐거움을 맛봐야 할 고등학교 기간이 학생들에게 3년짜리 지옥훈련 기간이 되어버린 것이다.

그러면서도 여전히 실험 연구학교 정책은 시행되고, 교육철학도 없이 한가람의 운영사례 중 일부만을 베껴 운영하는 것을 보면, 내가 오히려 그들의 학교 현장과 학생들, 학부모들에게 혼란을 초래하고 있는 것은 아닌가 하는 걱정마저 들 지경이다.

교육은 무서운 속도로 변화하는 사회를 내다보고 앞서 아이들이 살아갈 미래를 준비해줘야 한다. 학교는 아이들을 안전하고 행복하게 만들어줘야 하며 미래를 꿈꿀 수 있도록 도와줘야 한다. 그러기 위해서는 확고한 교육철학과 이를 실천할 수 있는 교육과정, 그리고 신뢰받는 학교와 교사가 있어야 한다.

국가 주도하에 수시로 바꿔버리는 교육정책과 학교의 교육 목적과 괴리된 입시제도, 학교의 자율성을 인정하지 않는 평준화 정책에서 더 이상 버틸 힘이 없었다. 이것이 백성호 교감에게 한가람고 교장직을 넘기고 떠나게 된 이유다.

학생들에게 필요한
학교로 거듭나려면

고등학교는 대학 입학 전 단계이면서 보통교육의 마지막 단계다. 고등학교의 교육목표는 이러한 상황에 맞춰 설정되어야 한다. 유치원과 초등학교에서 공동체의 일원으로서 살아갈 기본적인 태도와 적응력을 학습해야 한다면, 중학교에서는 초등학교에서 배우고 익힌 학습 능력을 발전시키고, 기초적인 문제해결 능력과 의사소통 능력, 팀워크와 리더십을 키워 나가야 한다. 그리고 고등학교는 중학교에서 배우고 익힌 학습 능력을 바탕으로 자아실현을 위해 자신의 적성을 부단히 탐색하고 적합한 진로를 찾아나가는 과정이어야 한다.

그렇다면 대학입시는 어떤 역할을 해야 할 것인가? 고등학교까지 학생이 배우고 익힌 학습 능력과, 적성 및 진로를 탐색한 경로와, 이 과정에서 이룬 성취 및 예측되는 잠재 능력을 종합적으로 평가하는 것이어야 초·중·고 교육이 모두 살아날 것이다. 그런데 우리나라의 대학입시는 학교 교육의 차별성을 전혀 인정하지 않는 평준화에 근간을 두고 있다. 따라서 모든 학교는 국가가 정해 놓은 입시제도 따라 유리한지, 불리한지만을 따져가며 교육할 수밖에 없는 것이 현실이다. 그렇다면 국가는 입시제도를 통하여 초·중·고 교육을 살리려는 정책을 펴야 할 것이다.

그러나 현실은 정반대다. 객관성을 확보해야 한다는 이유로 학생들을 똑같은 과목으로 평가해 줄을 세운다. 이렇게 해서는 무의미한 점수 따기 경쟁으로 학생들을 내몰 뿐이다. 더군다나 평준화 정책에 따라 국가가 현실적으로 존재하는 학교 간의 격차를 전혀 인정하지 않고 있기 때문에, 각 고등학교는 자율적으로 다른 학교보다 더 나은 교육을 제공하려는 노력을 할 필요가 전혀 없다.

평준화 제도하에 각 고등학교는 국가가 정해준 교사 수급과 교육과정에 맞춰, 국가가 배정한 입학생을 상대로 운영하기만 하면 된다. 심지어 인건비도 똑같이 정해주고, 모자라는 부분이 있으면 국가가 재정결함보조금까지 주니, 대한민국에서 학교를 운영하는 것은 절대 망할 수 없는 좋은 '비즈니스'가 될 지경이다.

하지만 이 모든 것이 학교와 교사들로 하여금 좋은 교육을 하고자 하는 노력과 의지를 움츠러들게 하고 있다면 다시 생각해봐야 한다. 이대로라면 학교 교육의 장점은 점점 사라지고 각종 폐해만 부각되어, 학생들이 먼저 학교가 필요 없다고 하는 상황이 올지도 모른다. 생각만 해도 눈앞이 캄캄해진다.

지난 20년간 한가람고등학교는 일반고로서의 지위를 가졌을 때나 자율형 사립고로서의 지위를 가졌을 때나 모두 끊임없이 새로운 교육방식을 시도해왔으며, 그로 인해 기존의 교육제도와 크고 작은 마찰을 빚어왔다. 만약 한가람이 입시 위주의 교육을 지향하며 순탄한 길만을 가려고 했다면, 훨씬 수월하게 학교를 운영해왔을 것이다. 그러나 당연하게 받아들였던 교육과정을 비판적으로 뜯어보고, 기존의 관행이나 낡은 학교 문화를 학생 입장에서 생각하면서 한가람은 기꺼이 고행의 길을 자처했다.

'학생들은 자신이 선택한 과목을 열심히 공부한다', '선택의 과정을 통해 진로에 대한 진지한 성찰을 얻을 수 있다', '즐겁게 학습한 기억은 평생학습 시대의 자산이 될 것이다'. 이는 한가람의 학생 선택형 교육과정의 당위성을 말할 때 언급되는 문장들이다.

'학교는 학생들에게 행복한 공간이어야 한다', '학생들이 살아갈 세상은 이전 세대보다 훨씬 도덕적이면서 민주적이어야 한다'. 이는 한가람의 다양하고 활발한 학생 활동 속에서 그 구성원들이 누려야 할 권리와 신념을 표현한 문장들이다.

이러한 정신을 구현하기 위해 일반고에서 출발해 자율형 사립고로 어렵게 돌고 돌아 길을 찾아왔듯이, 앞으로 또 다른 도전의 기회가 주어진다면, 이 또한 마다할 이유가 없다. 한가람은 그 길을 걸으면서 빛나는 성과를 이뤄왔기 때문이다.

P · A · R · T

3

한국 교육체제를 벗어난 새로운 도전,
청라달튼학교

한국 교육의
틀을 벗어나서

🌐　　나는 더 이상 이런 식으로 학교를 하고 싶은 마음이 없어
졌다. 미래 사회에 꼭 필요한 학교, 학생이 가고 싶어 하고 부모
가 보내고 싶어 하는 학교, 그래서 교사들이 열심히 올바른 교육
을 위해 노력하고 실천하는 학교를 하고 싶었다. 그러나 한국의
교육법 아래에서는 국가가 정해놓은 교육과정과 입시제도의 굴
레에서 벗어날 방법이 없었다. 오직 외국인학교만이 굴레에서 벗
어나 학교의 자율성을 가질 수 있는 출구로 보였다.

2009년 4월, 한국 학교법인도 외국인학교를 설립할 수 있도록
관련법이 개정되었다. 같은 해 7월 청라 경제자유구역에 외국 교
육기관 및 외국인학교 공모 계획이 있었다. 부모님께서 청춘을
바쳐 일군 청라 매립지에 학교를 설립할 수 있는 기회가 온 것이
다. 그것도 그동안 꿈꿔오던 유치원부터 초 · 중 · 고까지 통합교
육을 할 수 있는 학교였다.

최선을 다해 공모 계획서를 준비했다. 외국 여러 나라에서 공모자들이 참여했으나 그들은 한국에서의 학교 설립에 대한 사명감보다는 영리적인 목적을 갖고 있었다. 여러 절차와 심사를 거쳐 우리 학교법인이 최종 선정되었다. 당연한 결과였다. 그간 봉덕학원은 학교 운영을 바르게 해온 비영리 사학법인이었다. 한가람고등학교의 운영 성과가 뛰어나다는 점도 높이 평가받았다.

공모에 참여하기 수년 전 한국 주재 외국 대사 부인들의 모임에 참석한 적이 있었다. 외국 대사 부인 중 한국계 여성이 있어 한국에서 자녀 교육을 어떻게 하고 있는지에 대해 물었다. 부인의 대답은 간단하고 명료했다. 어릴 때는 자녀만 떼어놓을 수 없으니 어쩔 수 없이 한국 내에 있는 외국인학교에 보내지만, 중학교나 고등학교에 진학할 때가 되면 거의 대부분은 본국으로 보내 기숙사 또는 친인척 집에서 학교 교육을 받게 한다고 했다. 그 이유로 한국에는 좋은 외국인학교가 없고, 한국 학교에도 보내기 어렵기 때문이라고 지적했다. 그 순간 남에게는 보여주고 싶지 않은 한국 학교와 국내 외국인학교의 민낯을 들킨 같아 부끄럽기 그지없었다. 엄마와 떨어지더라도 미국 학교에 남고 싶다고 주장했던 어린 시절 아들의 모습이 떠올랐다.

나는 한국에서뿐 아니라 나아가 세계적으로 인정받는 좋은 학교를 만들고 싶었다. 그러기 위해서는 국가의 통제로부터 자유로워야 했다.

미국 달튼학교와의
만남

외국인학교 설립을 위해 준비하면서 외국 학교 중 교육철학을 공유할 수 있는 모범적인 학교를 찾아 나섰다. 그 즈음 우연히 한 일간신문 1면에 난 기사를 보고 미국 뉴욕 맨해튼에 있는 달튼학교를 알게 되었다. 터치스크린을 개발한 한국계 미국인 청년 실업가에 관한 기사였다.

미국의 한 공립 초등학교에 다니던 중 아이의 학습발달에 문제가 있다는 지적을 받은 청년의 아버지는 자신의 아들이 결코 그렇지 않다는 생각에 주변 사람들의 만류에도 불구하고 아들을 영재 사립학교인 달튼학교로 전학을 시켰다. 우려와는 달리 아들은 놀라울 정도로 학교생활에 잘 적응했고, 이는 오히려 잠재되어 있던 영재성을 발견하는 계기로 이어졌다. 그리고 달튼학교의 창의적인 교육방식에 힘입어 대학에 진학한지 얼마 되지 않아 터치스크린을 개발할 수 있었다는 내용이었다.

그 기사를 접하고 나는 "다른 학교에서 바보 취급 받던 아이를 어떻게 달튼학교는 다른 관점에서 바라볼 수 있었을까?" 매우 궁금했다. 그리고 학생의 잠재적인 능력을 끌어내 계발해준 그 학교만의 창의적인 교육방식이 무엇인지 몹시도 알고 싶었다. 때마침 미국에서 공부하고 있던 아들에게 달튼학교와 연락해 방문 일정을 잡아달라고 부탁했다. 이를 계기로 달튼을 포함하여 미국 학교 몇몇 곳에 대한 방문 계획을 잡았다.

대부분의 미국 학교는 특히 명문 학교일수록 외부인에게 학교를 개방하지 않는다. 그런데 일주일 만에 미국에 있는 아들에게서 연락이 왔다. 달튼 측에서 학교를 방문해도 좋다는 연락을 해왔다고 했다. 방학 중이라 학교 시설밖에는 보여줄 것이 별로 없다고 했지만, 나는 곧바로 뉴욕으로 날아갔다. 그리고 뉴욕 영사관을 통해 다른 학교 한 곳도 소개받았다.

첫날은 영사관에서 소개해준 D학교를 방문했다. 방학 중이라 학교는 썰렁했고, 대도시의 학교여서인지 시설도 열악한 편이었다. 여기저기를 둘러봤지만 별다른 감흥 없이 숙소로 돌아왔다. 그리고 다음 날 아침, 약속된 달튼학교를 방문했다. 학교는 맨해튼 센트럴 파크 동쪽에 위치하고 있었다. 학교 건물은 D학교와 마찬가지로 오래되어 낡아 보였지만 한창 시설 리모델링 공사를 하는 중이었다. 거의 해마다 여름방학을 이용해 낡은 시설을 순차적으로 리모델링하고 있다고 했다. 학교 시설만 돌아봤는데도 학교가 사회 발전에 발맞춰 끊임없이 변화하고자 노력하고 있다는 것을 느낄 수 있었다. 비어 있는 미술 교과실과 과학 교과실, 무용실 등을 둘러보면서 학생들이 그곳에서 무엇을 어떻게 배우는지 그려볼 수 있었다.

과학 교과실은 협소한 공간을 최대한 활용하기 위해 교실을 빙 둘러 사면으로 실험 책상과 실험 기자재를 배치하고, 가운데 공간은 강의와 토론 수업이 가능하도록 꾸며놓고 있었다. 항상 과학실을 두고 실험과 강의 모두를 수용할 수 있는 교실 환경은 무엇일지, 또 매번 실험을 하지 않아도 학습 동기를 유발할 수 있도록 기자재를 갖추려면 어떻게 해야 할지를 고민하고 있었기에, 그 과학 교실의 풍경은 예사롭지 않아 보였다. 또한 서로 다른 과학 교실이 내부의 문으로 연결되어 있어 교사와 학생이 서로 쉽게 왕래할 수 있도록 되어 있는 것도 좋았다. 과학 교과 내 여러 과목들을 융합하여 가르치거나 협동 학습을 이끌어내는 데 용이하게 꾸며져 있었다.

미술 교과실은 맨 위층에 있었는데, 지붕 위로 낸 창 모양과 위치를 제각각 배치되어 있게 하는 등 일반 교과실과는 다른 분위기로 공간을 구성해서 아이들의 창의성을 키우는 데 도움이 되도록 하려 한 점이 눈에 띄었다.

전체적으로 학교 건물 자체가 학생들이 사용하는 교실을 우선순위로 놓고 배치되어 있었다. 교장과 각 부서의 책임 교사들이 근무하는 교무실은 오히려 공간이 협소했다. 심지어 사무실들이 위치한 복도 한가운데에 책상을 놓고 비서가 업무를 보고 있었다.

초등학교는 중·고등학교와 두 블록 떨어진 곳에 있었다. 가정집 몇 채를 연결해 학교로 만든 곳이었다. 건물과 건물 사이에 쓰레기를 담을 때 쓰는 커다란 통이 놓여 있었는데 무슨 용도인지 궁금했다. 들여다보니 고운 모래로 가득 차 있었다. 인조 뼈나 석기시대 모조 유물을 숨겨놓고 초등학생들로 하여금 찾아보게 하는 수업을 통해 자연스럽게 고고학에 접근할 수 있도록 지도하기 위한 것이라 했다. 숨겨진 유물을 발견하기 위해 붓을 들고 조심스럽게 모래를 털어내는 어린 아이들의 모습을 쉽게 상상할 수 있었다.

이 학교에 다녔다면
행복했을 거예요

달튼학교에 대한 관심이 커졌다. 학기가 시작된 후 두 번째 방문을 요청하여 허락을 받았다. 이번에는 초등학교 2학년 학생들의 수업을 볼 수 있었다. 3개월에 걸쳐 진행되는 프로젝트 수업을 하고 있었는데, 세계 여러 나라의 결혼 풍습과 문화, 의식주 등을 비교하고 이해하도록 하는 것이 수업의 목표라고 했다.

마침 교실 한쪽에는 학생들의 작품이 전시되어 있었다. 이민자들로 이뤄진 미국이기에 학생들의 출신 국가는 제각각이었다. 자신의 뿌리인 모국의 신데렐라 스토리를 조사한 보고서들이 전시되어 있었는데, 마침 그중에서 한국 출신의 학생이 만든 것으로 보이는 콩쥐팥쥐 관련 보고서가 눈에 들어왔다. 영어로 번역된 콩쥐팥쥐 동화책을 읽고 그 내용을 간략히 정리해본 것이었다.

이처럼 모든 학생은 자기 나라의 신데렐라 스토리를 조사한 뒤 보고서를 써서 발표한다. 그리고 자신이 쓴 스토리와 친구가 쓴

다른 나라 스토리의 차이점에 대해 이야기해본다. 이어 각자의 책에 그려진 삽화를 통해 각 나라의 고유 의상을 유추해 그리거나 만들어보고, 나라별 문화와 결혼 풍습의 차이 등에 대해 조사하고 비교하는 기회를 갖는다.

이와 같이 초등학교 2학년 어린 학생도 교과서를 읽고 쓰고 외우는 수업이 아니라 스스로 주제를 찾아 조사한 뒤 발표하고 토론하는 시간을 거쳐, 자신의 생각을 발전시키는 수업을 받고 있었다. 이런 일련의 과정들이 숙제가 아닌 오로지 학교 수업을 통해서만 이뤄지고 있다는 점도 참 인상적이었다.

과학 수업 역시 색다른 방식으로 진행되고 있었다. 수업시간을 이용해 학생들은 인근 센트럴파크를 찾아가 거기에 살고 있는 식물과 곤충을 관찰한다. 관심을 갖게 된 개체에 대해 사진을 찍기도 하고 채집도 하면서 끊임없이 조사하고 탐구한다. 이후 보고서를 만들어 발표함으로써 다른 학생들과 내용을 공유하도록 지도하고 있었는데, 이 프로젝트 수업 역시 학교에서만 3개월 동안 진행된다고 했다.

초등학교 4학년 교실 한쪽에는 지난 6개월간 학생들이 만들어 온 프로젝트 작품들이 놓여 있었는데, 조별로 도시를 설계하고 건축물을 디자인하는 내용이었다. 전기톱을 직접 사용하기엔 학생들이 아직 어리기 때문에 교사가 실제 집을 짓는 데 사용하는 다양한 크기의 재료들을 여러 길이로 잘라 상자에 넣어두면, 학생들이 그것을 이용해 자신들이 짠 설계대로 여러 건축물을 세우고 있었다.

이 작업에 앞서 학생들은 조별로 자신이 살고 있는 지역의 여러 건물들의 사진을 찍고 특징을 조사하는 과정을 거친다. 이어 살고 싶은 도시를 의논하여 설계하고, 그 위에 필요한 관공서와 병원, 학교, 교회, 마트 등의 위치를 정한다. 각각의 용도별로 건물들의 크기와 높이, 심지어 출입문이나 창문의 모양까지 고민한 후 나무 조각을 이용해 건축물을 세우고 도시를 만들어나간다. 이 프로젝트 수업은 무려 1년이라는 매우 긴 시간 동안 진행되는데, 이를 통해 학생들은 도시공학은 물론 사회와 문화, 정치, 경제, 건축, 기술 등 다양한 분야에 걸쳐 소양을 쌓고 있었다.

그 모습들을 보고 있으려니 교실에서 꼼짝 않고 교과서만 가지고 수업하는 우리 학생들이 떠올라 마음이 아렸다. 이런 학교 교육을 받은 아이들과 미래 사회에서 경쟁하고 더불어 살아갈 우리나라 아이들을 생각하니 우울해졌다. 그때 함께 학교를 둘러보던 아들이 말했다. "엄마, 내가 이 학교를 다녔다면 정말 행복했을 거예요." 어릴 적 미국에서 학교 다니기를 원했던 그 아이의 한마디였다.

가보지 않은 길,
청라달튼학교의 설계

'전국 어디서나 똑같은 크기와 모양의 교실로 구성된 대형 교사에서 12년 동안 키워

지는 아이들을 보면 닭장 안에 갇혀 지내는 양계장 닭이 떠오른다. 이런 공간에서

자라난 사람들은 나와 다르게 생각하는 사람을 인정하지 못하게 될 것이다. 평생

양계장에서 키워 놓고는, 닭을 어느 날 갑자기 닭장에서 꺼내 독수리처럼 하늘을

날아보라고 한다면 어떻겠는가?'

— 유현준 《어디서 살 것인가》, 2018, 을유문화사, P. 26~28.

청라지구 내 외국인학교 설립 공모에 채택되어 2009년 12월 인천경제자유구역청과 MOU를 맺고 이듬해 인천시교육청으로부터 학교 설립 승인 및 인가를 받았다. 본격적인 학교 설계에 들어가면서 내 고민도 다시 시작되었다.

이전에 한가람고 목동 교사를 설계할 때에는 이미 신정동 영등포여상 구 교사에서 몇 년간 교과 선택제와 교과교실제 등을 실

시해본 경험을 바탕으로, 몇 가지 원칙을 세워 설계할 수 있었다. 그러나 청라달튼학교는 달랐다. 나는 외국교육과정(미국교육과정)을 운영해본 경험이 없었다. 중학교와 고등학교는 교과 선택제와 이동 수업을 했던 한가람고의 경험을 살려 설계에 반영할 수 있었으나, 초등학교는 구체적인 그림이 떠오르지 않았다. 한참동안 고민에 고민을 거듭하다 6개월 만에 결정한 초등학교 콘셉트는 '학교 같지 않은 학교' 였다.

외관은 큰 빌라처럼 하기로 했다. 옥상 바로 밑 처마에는 새들도 날아와 쉴 수 있는 공간을 만들었다. 1층은 교실에서 밖으로 바로 나올 수 있게 연결했고, 2층은 교실마다 발코니를 만들었다. 3층은 천장에서 빛이 들어오도록 경사면으로 설계했다. 어린 아이들이 학교에서도 집에서와 같은 안락함과 편안함을 느낄 수 있게 교실 바닥은 온돌로 꾸몄고, 항상 여러 명의 교사들이 아이들의 성장 과정과 특성을 관찰하여 개별적으로 지도할 수 있도록 열린 교실 4개를 하나의 평면에 배치했다.

교실에서 다른 교과교실(체육관, 미술실, 음악실, 도서실 등)로 이동할 때에는 층과 층으로 연결된 계단으로 다닐 수 있게 하여, 한국 학교처럼 학생 이동 시 시끄러운 소음 때문에 모든 교실이 동시에 수업을 멈춰야 하는 일이 없도록 했다. 또 도서실은 어디서나 접근이 용이하도록 모든 교실이 연결되는 중앙에 위치시켰고, 바닥에 엎드리거나 누워서도 편안하게 책을 가까이 할 수 있도록 설계했다. 어린 학생들의 안전을 위하여 초등학교 건물을 중·고등학교와 분리하는 것도 잊지 않았다.

중·고등학교는 1층 카페테리아, 2~3층의 도서관을 중심으로 두 건물이 연결되게 배치하되, 필요에 따라 구획을 나눴다. 도서관 2~3층은 도서관의 내부 계단을 이용해 연결하는 한편, 3층의 일부 바닥을 없애고 벽면에 난간을 설치하여 2~3층이 하나의 공간처럼 느껴지도록 개방했다. 또한 건물 각 층마다 설치된 학생 로비는 다양한 평면과 창호로 구성하여 학생들이 단조로움을 느끼지 않도록 배려했다.

1층 카페테리아 외부에 접한 발코니는 무대로 사용할 수 있도록 만들었고 발코니와 접한 중정을 파서 관중석으로 활용할 수 있게 꾸몄다. 교사동 입구에는 학부모들이 아이들을 데리고 등하교할 때 작은 모임 등을 가질 수 있도록 소극장을 배치했다. 또 500여 명까지 수용할 수 있는 콘서트홀을 만들면서, 콘서트홀 2~3층의 출입문과 연결된 계단을 활용하여 로비에서도 각종 공연과 전시회가 가능하도록 했다. 또한 계단 상부는 각종 프로젝트 수업에서 나온 결과물들과 학생 작품들을 전시하는 공간으로 활용할 수 있게 했다.

학교 주변이 골프장 등의 자연 녹지라는 점을 감안하여 건물

청라달튼학교의 초등학교 건물과 초등학교 도서실, 중 · 고등학교 건물과 카페테리아, 소극장, 콘서트홀의 모습.

높이는 최고층을 3층 또는 4층으로 만들었다. 건물 외관은 주변 경관과 어울리게 친환경적인 벽돌과 알미늄 판넬을 사용하되, 벽돌의 단조로움을 탈피하고자 층마다 서로 다른 창호 디자인을 했다. 1층에 위치한 중학교 체육관을 통해 천연 잔디 운동장, 승마장으로 나아갈 수 있도록 연결했고, 초등학교에는 별도로 소운동장을 만들어 초등학생들끼리 체육 수업을 받거나 놀 수 있도록 해두었다.

또한 기숙사는 남·여 학생별로 각각 1개동씩 2개동을 만들었으며, 대부분의 학생들이 집에서 혼자 방을 쓰는 것을 염두에 두고 1인 1실로 하되, 관리와 학생 지도를 고려하여 욕실과 화장실은 층별로 2개씩 공동시설로 마련했다. 그 외 외국인 교사들을 위한 주거시설로 스튜디오 형태의 게스트하우스와 층별로 1베드룸과 3베드룸을 갖춘 타운하우스도 건축했다.

청라달튼학교 건물을 설계할 때 가장 중점을 둔 부분은 '언제 어디서나 학생들이 창의력을 발휘하고 활발하게 의사소통할 수 있는 공간 구성'이었다.

예측 불가능한
미래를 준비하는 법

🌐 청라달튼학교를 설립하기 전, 가장 깊이 고민한 부분은 학교의 교육철학과 설립 목적을 무엇으로 할 것인지였다. 교육의 기능과 역할이라는 근본적인 문제에서부터 출발해야 했다. 학교는 아이들에게 그들이 살아갈 미래 사회에 대비할 수 있도록 필요한 능력을 길러주는 곳이어야 한다. 그렇다면 다가오는 미래 사회는 어떤 사회일까?

대부분의 인문·사회학자들은 인류가 생겨난 이래 지난 100년이 사람들의 삶의 질과 양식에 있어 가장 큰 변화를 일으킨 시기라고 말하고 있다. 과학기술의 발전과 사회구조의 변동 등이 가장 크게 이뤄졌던 시기라는 것이다. 예를 들어, 20세기 초와 지금의 동대문을 비교해보라(다음 페이지 사진 참조).

하지만 앞으로 우리 앞에 펼쳐질 변화의 속도는 지금까지와는 비교할 수 없을 정도로 더 빨라질 것으로 예상된다. 게다가 우리

호주 사진작가 조지 로스가 촬영한 1904년 동대문(위)의 모습과 서울특별시(ⓒvisitseoul.net)에서 찍은 현재 동대문(아래)의 야경. 출처 http://korean.visitseoul.net/imageDataOpn

어린 학생들의 기대수명은 지금보다 훨씬 길어질 것이다. 이들이 살아가게 될 미래 사회의 구체적인 양상을 예측하는 것은 사실 매우 어려운 일이며, 어쩌면 불가능한 건지도 모른다.

그러나 역설적이게도 이러한 미래의 예측 불가능성은 지금 학생들을 어떻게 교육해야 할지에 대한 지침을 제공한다. 미래 사회는 지금과 매우 다를 것이고, 그 모습을 예상하여 필요한 지식 내용을 확정할 수 없기 때문에, 현재 상황에 기초해 특정 정보를 전달하거나 특수한 기술을 습득시키는 데 그치는 교육은 쓸모가 없다는 것이다.

지금 학생들에게 필요한 교육은 변화할 미래 사회에 적응할 수 있도록 새로운 환경에 대한 '호기심(curiosity)'을 잃지 않고, 스스로 그 근저에 놓인 원리와 관련 지식을 찾아내는 능력을 길러주는 것이어야 한다. 나아가 기존의 통념과 관행이 여전히 유효한지 '비판적으로 사고(critical thinking)'하고, 필요할 때마다 새로운 아이디어를 창출해내는 능력도 키워야 한다.

인공지능과 로봇공학이 비약적으로 발전하여 많은 업무가 자동화된 기계에 의해 수행되기 시작하면 미래의 노동은 현재와는 완연히 다른 모습일 것으로 전망된다. 영국 옥스퍼드대의 칼 베네딕트 프레이(Carl Benedikt Frey) 교수와 마이클 오스본(Michael Osborne) 교수는 2013년 발표한 〈고용의 미래(The future of employment: How susceptible are jobs to computerisation?)〉라는 논문에서 컴퓨터화로 인해 현재 직업의 47퍼센트가, 특히 단순·반복적인 직종들은 20년 내에 사라질 위험이 크다고 진단했다.

흥미로운 점은 장기간의 교육이 필요한 고숙련 직업들, 특히 창의력 및 사회적 지능(social intelligence)이 요구되는 직종들은 그대로 유지될 가능성이 높다고 예측한 부분이다. 다른 사람들의 입장을 폭넓게 이해하고 공감하며, 대화와 소통을 통해 우호적 관계를 형성하고 유지할 줄 알며, 공동의 목표를 위해 여러 사람들의 이해관계를 조율해 팀워크와 리더십을 발휘하는, '의사소통(communication)'과 '협동(collaboration)' 역량의 가치가 앞으로 더욱 커질 것임을 시사한 것이다.

아울러 교통·통신 수단의 발달로 국제 협력이 일반화되면서 다른 국적과 문화적 배경을 가진 사람들과 교류할 수 있는 능력을 갖추는 것도 중요할 것으로 전망된다. 다양한 지식, 삶의 경험을 가진 사람들이 모여 협력할 경우, 어려운 과제를 여러 관점에서 해석하고 새로운 해결책을 찾아내는 그룹이 비슷한 사고를 하는 동질적 그룹보다 더 우월한 성과를 낸다는 사실이 많은 연구결과를 통해 확인된 바 있다.

국제적 다양성을 문제해결의 자산으로 삼는 글로벌 인재가 되려면, 조만간 통번역 기계가 수행할 수 있을 단순한 언어 간 변환 능력을 넘어, 언어 사이에 녹아 있는 다른 문화에 대한 이해와 개방적인 태도를 습관화해야 한다. 또한 다름을 갈등이 아니라 창조적 혁신의 원천으로 삼을 수 있는 열린 자신감을 길러야 한다. 현행 법규상 외국인의 자녀들과 외국에서 3년 이상 거주하고 귀

국한 내국인들이 입학하는 외국인학교라면, 여러 나라의 다양한 문화와 삶의 양식을 건설적으로 통합할 인재를 키우기에 유리한 환경을 갖춰야 하며 청라달튼학교도 이에 부합해야 한다는 생각이었다.

마지막으로 외국인학교는 부유한 가정환경의 학생들만 입학하는 곳이며 그 졸업생들이 사회 · 경제적으로 유리한 위치에 있는 계층을 강화한다는 일부의 우려를 불식하고 싶었다. 이를 위해 학생들 스스로 자신이 속한 '공동체(community)'의 중요성을 깨달을 수 있도록 나와 다른 사회 · 경제적 환경에 놓인 구성원들을 돕는 봉사 활동을 적극 장려했다. 이타심, 책임감과 같은 덕성은 하루아침에 길러지는 것이 아니다. 장기간에 걸쳐 유덕한 행위를 습관화하면서 타인에 대한 이해심과 배려심 등 바람직한 '품성(character)'을 구체화해야 한다. 따라서 유·초·중·고 과정을 통합 운영하는 청라달튼학교만의 장점을 살려 학생 개개인이 일관성 있고 올바른 성격을 형성할 수 있도록 돕는 것을 교육 방향으로 두고자 했다.

아울러 미래 사회의 발전과 통합에 기여하는 건강한 시민으로 자라나는 데 꼭 필요한 핵심 역량들을 '6C(Character, Curiosity, Critical Thinking, Communication, Collaboration, Community)'로 정하고, 이러한 태도와 능력 배양을 학교 교육의 기본 목표로 삼기로 했다. 또한

'6C'가 단지 추상적 구호에 그치지 않고 학교 운영과 교육과정에서 실제로 구현될 수 있도록, 학교 교사들과의 논의를 거쳐 여러 가지 구체적인 활동들도 마련했다. 다양한 프로젝트 기반학습(project-based learning), 지역사회 봉사학습(service-learning), 학생자치 활동 등이 바로 그것이다.

13년 통합교육으로
유연하고 일관성 있게

청라달튼학교는 유·초·중·고가 K~12학년으로 이어지게 설계된 통합과정 학교다. 유치원과정인 K에서 4학년까지가 초등학교, 5학년에서 8학년까지가 중학교, 9학년부터 12학년까지가 고등학교 과정에 해당한다. 이러한 통합과정 학교는 일관성 있는 교육을 할 수 있으며, 학생 개개인의 발달 단계에 맞춘 세분화된 교육이 가능하다는 장점이 있다.

청라달튼에서는 초등학교 4학년까지 영어·수학·사회·과학 교과를 한 교사가 가르치고, 중학교 과정으로 편입되는 5학년부터 교과별로 다른 교사가 가르친다. 저학년 시기에는 한 교사가 한 학급의 아이들을 관찰하며 교과를 통합해서 지도하는 것이 교과별로 분리해 지도하는 것보다 중요하다고 보았기 때문이다. 물론 초등학교에서도 교과의 전문성이 보다 요구되는 예체능 교과와 한국어를 포함한 외국어 교과는 별도의 교과담당 교사가 지도한다.

사실 K~12학년 체계를 갖춘 통합과정 학교들은 대부분 중학교 과정을 시작하는 시기를 6학년 이상으로 하고 있다. 그러나 청라달튼은 좀 더 일찍 중학교 과정을 시작하는 것으로 잡았다. 고학년 시기로 들어서는 5학년부터는 교과별로 전문성이 요구되므로 한 교사가 많은 교과를 가르치는 것이 어렵다고 보았기 때문이다. 또한 학생들의 신체적 발달 상황을 고려할 때도 이때 쯤이면 한 교사가 학생들을 모두 지도하기 어려울 것이라 판단했다.

하지만 다른 학교보다 1년 내지 2년 일찍 각 교과의 담당 교사와 교실을 찾아다니도록 하려면, 학생들에게 충분한 적응 시간을 줘야 했다. 통상 2개월 정도가 걸린다는 점을 고려하여, 학생들이 빨리 학교 수업 방식에 적응할 수 있도록 5학년 교과실을 가능한 한 한쪽 복도에 몰아서 배치시켰다.

5학년부터 시작되는 청라달튼의 중학교 4년 과정은 매우 세부적으로 짜여져 있다. 스스로 학습 방법과 태도를 익혀야 하는 것은 물론, 육체적으로나 정신적으로나 성장이 제일 많이 이뤄지는 중요한 시기니 만큼 세심한 관리와 지도가 필요하다고 본 것이다. 또한 어학 능력도 더욱 성숙해질 수 있도록 끊임없이 자극하고 도와줘야 한다.

한국에서 영어로 교육하는 학교의 가장 큰 어려움은 학생들이 학교만 벗어나면 영어를 쓰지 않는 환경으로 돌아간다는 데 있다는 점을 감안하여, 학생들이 스스로 읽고 말하고 쓰는 실력을 쌓아갈 수 있도록 자극하고 동기를 부여하는 시스템을 만들었다. 학년별로 구분된 영어 도서를 준비하여 항상 책을 가까이 접할 수 있게 했고, 책을 읽고 난 후엔 온라인에 접속하여 읽은 내용을 스스로 평가한 다음, 다음 단계의 책으로 넘어갈 수 있게 도와주는 프로그램을 도입해 활용하게 했다. 이와 같이 학교는 학생들이 자연스럽게 다양한 책, 더 높은 수준의 책을 읽어볼 수 있도록 적극적으로 지원하고 있다. 또한 영어권 국가 출신이 아니어서 영어가 제 학년에 비해 뒤떨어지는 학생에게는 ELL(English Language Learner) 과정을, 한국어가 제 학년에 비해 떨어지는 학생에게는 KSL(Korean Second Language) 과정을 정규 교육과정에 편성하여 제공하고 있다.

가끔씩 학년을 뛰어넘어 고학년과 저학년이 함께 할 수 있는 프로젝트 수업을 운영하기도 한다. 과학 프로젝트를 5학년과 8학년이 함께 진행함으로써 자연스럽게 역할 분담을 통한 협동학습을 체험하게 하고, 중학교 학생들 중 희망자에 한해 유치원이나 초등학교 아이들을 보살피는 봉사 활동을 맡겨 배려하는 리더십을 경험하게 하고 있다.

청라달튼의 고등학교 4년 과정은 한국 학교에 비해 훨씬 자유롭게 구성되어 있다. 학생들이 반드시 이수해야 하는 교과 영역의 최소 기간과 수강 학점(영어는 4년간 4학점, 수학·과학·사회 각 3년 이상 3학점 이상, 체육은 3년 이상 2학점 등)은 제시되어 있지만 동일한 교과 영역에서도 학생들의 학습 능력과 진로에 따라 이수 경로는 얼마든지 달라질 수 있다.

예를 들어 다른 학교를 다니다가 청라달튼학교 9학년에 편입한 학생이 이전 학교에서 8학년 수학과목을 배우지 못하고 온 경우가 있었다. 이럴 때 9학년 수학 과목은 정해져 있지만, 이 학생은 예외적으로 8학년 수학 과목을 수강할 수 있다. 그다음 이듬해인 10학년 때 9학년 수학 과목을, 11학년 때는 10학년 수학 과목을 들은 뒤, 마지막 12학년 때 11학년 수학 과목이나 수학 선택과목을 들으면 되는 것이다.

반면 중학교 7학년 학생인데도 불구하고 수학 교과의 학습 능력이 매우 뛰어나 8학년 수학과목도 가르칠 게 없는 경우도 있었다. 중학교는 50분 수업을 하는 반면, 고등학교는 75분 수업을 하기 때문에 고등학교에 가서 수학 수업을 받게 하기도 어려웠다. 이에 중·고등학교 교사가 함께 협의한 뒤 이 학생에게 9학년 수학 과제를 부여하고 해당 교사가 따로 관리하고 평가하도록 조치를 취해줬다.

이처럼 유연하게 진행되는 교육과정은 외국인학교이기에, 또한 유·초·중·고 교육과정 모두가 통합된 학교이기에 누릴 수 있는 큰 혜택이라 하겠다.

학생별 맞춤 교육을 위한
학점제

🍎 　한가람고는 자율형 사립고가 되면서부터 학점제를 도입해
운영했다. 그러나 교육당국의 제제로 인해 처음 구상했던 계획대
로 할 수가 없었다. 이와 달리, 청라달튼학교는 별다른 어려움 없
이 학점제를 운영할 수 있었다.

　청라달튼학교에서 1학점을 취득한다는 것은 1년(5학기) 동안 주
당 75분 수업 3시간을 듣고 평가를 받아 F(낙제)를 면했다는 뜻이
다. 고등학생(9~12학년)들의 경우 영어는 4년 동안 4학점, 수학·과
학·사회·외국어 각각 3년 동안 3학점 이상, 체육은 3년 동안 2학
점 이상, 예술은 1년 동안 1학점 이상, 선택과목은 3학점 이상 7
학점까지, 이렇게 4년간 총 22학점 이상 26학점을 취득해야만 졸
업을 할 수 있다. 그리고 시니어 프로젝트와 보건은 반드시 이수
해야 하나 학점으로는 표기되지 않는다.

　교과 선택은 동일 교과 영역 내에서도 중학교 과정의 교과부터

대학 선수과목인 AP과목에 이르기까지, 학생의 학습 능력과 속진의 정도에 따라 개인별로 이수 경로를 달리하여 다양하게 선택할 수 있다. 선택 교과는 학생의 적성 및 진로와 연관 지어 심층적으로 구성되어 있으며, 학점제는 학생들이 매우 신중하게 교과를 신청하도록 만드는 역할을 했다.

학교는 학기가 시작되기 전 수강신청 기간에 학생과 학부모에게 충분히 이러한 내용을 공지하며, 이후 학생의 수강신청이 이뤄지면 본인의 학습 능력과 수준에 맞게 교과 선택이 잘 되었는지를 검토하게 한 뒤 상담을 통해 일정 기간 동안 수강과목 변경할 기회를 주고 있다. 예를 들어 내신성적(GPA)를 잘 받기 위하여 자신의 학습 능력에 비해 비교적 쉬운 과목들로만 선택하면, 학습 능력 향상이 안 될 뿐 아니라 도전을 통한 성취감도 느끼지 못할 것이라는 점을 알려준다. 반대로 학습 능력에 비해 어려운 과목을 너무 많이 선택하면, 중간에 교과를 포기하는 식의(Drop) 불이익이 발생할 수 있고, 어려운 과목에 대한 학습 부담으로 인해 다른 교과와 비교과 활동에 지장을 초래할 수 있다는 점을 충분히 이해시킨다.

이러한 상담은 일회성으로는 그 효과를 기대하기가 어렵다. 그래서 초등학교부터 고등학교까지 전 학년에 걸쳐 1년에 두 번씩, 모든 교사가 개별적으로 학생의 학습 능력과 발달 상황에 대하여 학부모, 학생과 함께 상담하는 기회를 마련하고 있다. 학생과 학부모, 교사가 함께 머리를 맞대고 학습 능력과 진로 적성을 고려한 최선의 교육과정을 구성할 수 있도록 노력하고 있는 것이다. 이때 중요한 역할을 하는 것이 학점제다. 만약 학점제가 아니라면 학부모와 학생은 교과 선택을 함에 있어서 시행착오를 더 많이 겪을지도 모른다.

이렇게 이수 경로를 달리하는 교육과정에 있어서 중요한 역할을 하는 것이 대학입학제도다. 특히 외국 대학입시에서는 내신성적(GPA)도 중시하지만 학생의 발전가능성과 잠재 능력을 더욱 중요하게 평가한다. 학생의 교과 선택 이수 경로를 추적하여 그 학생의 학습 능력이 지속적으로 향상되고 발전했는가를 살펴 잠재 가능성을 평가하는 것이다. 따라서 너무 쉬운 과목만 이수해서 좋은 성적을 받는 것보다 점차 어려운 과목에 도전하여 꾸준히 실력이 향상되어 왔음을 보여주는 것이 더 효과적일 수 있다. 또한 저학년 때 어려운 과목을 이수한 후 고학년 때 상대적으로 쉬운 과목을 선택하는 것도, 자칫 불리한 평가를 받을 수 있음을 알아야 한다.

고등학교 단계에서 이미 학생별로 학습 능력과 학습 속도에 차이가 많다는 점을 간과한 채 학년별로만 분리하여 획일적으로 정해진 교육과정을 운영하는 것은 결코 학교의 미래를 위해서도 바람직하지 않다고 본다. 이는 교실 붕괴, 학교 폭력, 사교육 등 여러 가지 부작용을 일으키는 원인이 될 수도 있다.

외국인 교사와
일하는 법

청라달튼학교를 운영하는 일은 한국 교육의 현실을 객관적으로 들여다보는 계기가 되었다. 그중 하나가 '교사의 역할'에 대한 한국인 교사와 외국인 교사의 시각차다.

청라달튼학교를 운영하면서 만난 많은 외국인 교사들은 채용 전 인터뷰에서부터 '자신의 전문성을 계발하는 데 있어 학교가 어떤 지원을 해줄 것인가?'를 물어왔다. 국가 교육과정이 정해준 대로, 교과서가 제시하는 대만 가르쳐온 한국 학교의 교사들에게는 결코 받아본 적이 없는 질문이었다. 반면 외국인 교사들은 교사로서의 전문성을 키우기 위해 끊임없이 자기계발을 염두에 두고 있었다. 그렇기에 학교가 그 부분을 얼마나, 어떻게 지원해줄 수 있는지를 되물은 것이다.

외국인 교사는 영어학원이나 일반 한국 학교에서 외국어를 가르치는 원어민 교사들과는 자격조건이 다르다. 해당 교과를 가르칠 수 있는 교사 자격을 갖춰야 하기 때문이다. 외국인 교사에게 발급되는 비자는 E7이지만, 원어민 교사(강사)에게 발급되는 비자는 E2다. 예컨대 E2 비자를 갖고 있는 영어 원어민 교사는 영어권 국가 출신이기만 하면 된다. 물론 이 경우에 원어민 교사는 영어회화 외에 다른 교과는 가르칠 수 없다. 그러나 E7 비자를 갖고 있는 외국인 교사는 해당 교과 전공 학사 이상의 학력소지자로서 해당 교과의 교사자격을 갖췄거나 정규학교에서 해당 교과를 2년 이상의 가르친 경력이 있어야 한다. 또한 범법 사실이 있어서는 안 된다.

E7비자를 취득한 외국인 교사들이 부임하면 청라달튼학교는 개학 전 제일 먼저 학교의 교육철학을 이해시키고 그에 맞는 교육을 할 수 있도록 연수한다. 그다음 기존 교사들과 함께 외국인 교사들의 교육 역량과 경험을 최대한 발현할 수 있는 커리큘럼을 짜게 한다. 그렇게 개학 후 1년간의 5학기 교육과정이 구성된다. 이때 모든 교사는 학교의 교육목표인 '6C'에 도달할 수 있도록, 가장 적절한 교수방법을 찾기 위해 노력해야 한다.

대부분의 외국인 교사는 큰 문제가 없는 한, 담당 교과와 학년이 정해지면, 다음 해에도 같은 교과, 같은 학년 수업을 맡게 된다. 교사로 하여금 전문성을 가질 수 있도록 하려는 취지다. 교육행정을 담당하는 디렉터와 교장은 언제든지 수업을 참관할 수 있는 권한이 있으며, 수업을 참관하게 되면 반드시 교사에게 피드백을 준다. 외국인 교사들은 이런 일련의 과정을 자기계발 과정의 일부로 받아들인다. 또한 1년간 5학기 중 매 학기마다 한 번씩 동료교사 참관(Peer Observation)을 실시하여 교사들끼리 서로의 장단점을 배워갈 수 있는 기회도 갖는다.

실제로 청라달튼에는 1년에 2번 정기적인 수업 참관(Formal Observation) 시간이 있다. 이때 교사들은 평가자인 디렉터 및 교장과 협의하여 평가항목을 정한 후 평가를 받는다. 대부분 수업 계획, 수업 내용, 수업 방법, 학생들의 수업 참여도와 반응 등이 평가 항목으로 정해진다. 평가 후 평가자는 그 결과를 개별적으로 교사에게 전달하며, 평가 결과에 별다른 의문이 없는 경우 교사는 동의한다고 서명하게 된다.

교육 배경과 재직 경력 등을 믿고 채용한 외국인 교사들 중에도 가끔은 기대에 못 미치는 교사를 만날 때가 있다. 그러나 평가 과정에서 부족한 부분을 정확하게 지적했을 때, 그들은 부끄러워하거나 거부 반응을 보이기보다는 알려줘서 고맙다고 이야기한다. 그리고 그 문제점을 고치기 위해 온라인 교육을 받는 등 학교가 요구하는 사항에 대해 여러 가지 방안을 제시하면서 유예기간을 줄 것을 요구한다. 이에 재계약 결정을 연기하고 시간적 여유를 주면 약속대로 달라지고 성장한 모습을 보여준다.

청라달튼학교에는 학생을 가르치는 교사들만 있는 것이 아니다. 학생들이 학교 교육과정에 잘 적응할 수 있도록 도와주는 업무를 하는 교사들도 여럿 있다. 교사들을 관리, 지도하며 학교가 설립 목적에 맞는 교육을 해나갈 수 있도록 지원하는 교육행정 각 분야별 디렉터와 그들을 보좌하는 코디네이터, 교장이 있고, 학생들이 학교생활을 잘 할 수 있도록 도와주는 상담 교사(Guidance Counselor)와 대학 진학 관리를 도와주는 진학지도 교사(College Counselor)가 있다. 또한 학교생활 적응에 도움이 필요한 학생들을 위한 특별교육 교사(Special education Teacher), 교사에게는 수업에 필요한 정보를, 학생에게는 과제 해결에 유용한 정보를 찾을 수 있게 도와주는 도서교육 담당의 사서(Librarian)가 있고, 영어권 국적이 아니라서 영어 수업을 따라가기 힘들어하는 학생을 도와주는 ELL 담당 교사(English Language Learner), 청라달튼에만 있는 한국어가 부족한 학생을 도와주는 KSL 담당 교사(Korean Second Language)는 물론, 교사를 대상으로 테크놀로지 교육을 실시하는 테크놀로지 교육 담당자(Educational Technology Director) 등도 있다. 이처럼 외국인 교사들의 업무 범위 규정(Job Description)은 매우 명확하고 전문화되어 있다.

1년을 5학기로
쪼갠 이유

청라달튼학교 설립을 구상하면서 학기제에 대한 고민을 많이 했다. 한국 학교들은 교육법에 따라 2학기제를 채택하고 있다. 하지만 외국의 학교들은 2학기제부터 4학기제까지 여러 형태로 학기제를 운영한다.

한가람고는 한국 교육법에 따라 2학기제로 운영되고 있다. 2학기제에서는 대부분의 학생들이 중간고사와 기말고사 기간에 집중적으로 시험 점수를 높이기 위한 암기식 공부를 하게 된다. 물론 학기 중 다양한 수행평가를 병행하고는 있지만, 수행평가에 대한 공정성과 객관성 시비 논란은 여전히 학교와 교사들에게 풀어야 할 숙제로 남아 있다.

한가람고는 2009년 자율형 사립고를 신청하면서 학점제와 무학년제를 도입했다. 학점제는 교사에게 평가에 대한 부담을 가중시켰다. 교사의 평가로 학생의 유급이나 졸업이 결정될 수 있기 때문이다. 이러한 교사의 평가 부담감을 줄여주고 학생들이 평소에 학습할 수 있도록 하기 위해 도입한 것이 수시평가제다. 수시평가란 시험기간을 정해 모든 과목에 대한 지필시험을 치르는 것이 아니라 평소 일정 부분 학습이 진행되면 2~4과목씩 순차적으로 묶어 시험을 치르는 방식을 말한다. 즉 중간고사는 실시하지 않고 학기 시작 후 4주가 지난 시점부터 격주로, 과목을 2과목 내지 4과목씩 묶어 학기당 과목별로 총 5~6회 정도의 평가를 실시하게 했다.

이렇게 하자 시험 기간 중에만 벼락치기로 공부를 하는 학생들이 점차 없어졌다. 평소에도 학습을 게을리 하지 않도록 하기 위해 마련한 장치가 효과를 발휘한 셈이다. 또한 한 번의 실수로 만회할 수 없는 평가를 받게 되는 것도 막을 수 있었다. 나아가 주변의 학원들도 한가람 학생들을 대상으로 시험 준비를 해줄 수 없었을 뿐 아니라 진도를 맞추는 것도 쉽지 않아져 자연스럽게 사교육을 받는 학생들도 줄어들었다.

이런 경험을 거울삼아 청라달튼학교는 2학기제의 폐해를 방지하고, 결과보다는 과정을 중시하는 교육으로 학습 패러다임을 바꾸고자 5학기제를 도입했다. 1·2학기는 8월 개학부터 12월 겨울방학 직전까지, 3·4·5학기는 1월부터 6월 여름방학 직전까지 운영하게 되었다.

물론 과목마다 특성이 달라 일률적으로 단정하기는 어렵지만, 5학기제는 교사로 하여금 잠시도 방만하거나 느슨한 교수학습을 이끌어갈 수 없게 한다. 학기마다 학습의 결과를 내놓아야 하기 때문이다. 학생들 역시 성적이 한두 번의 시험으로 결정되는 것이 아님을 잘 알기에, 늘 학습에 집중할 수밖에 없다. 그래서 청라달튼학교의 모든 교사와 학생들은 항상 바쁘게 생활한다. 그리고 이는 자연히 좋은 면학 분위기로 이어진다.

청라달튼 설립을 계획할 때 우연한 기회에 핀란드 교육부 고위 관료였던 티모 란키넨(Timo Lankinen)을 만난 적이 있었다. 그가 왜 5학기제를 실시하려 하는지에 대해 물었고, 나는 "학습 결과에 대한 평가보다 학습 과정을 중시하는 교육으로 전환을 시도하기 위한 것"이라고 설명했다. 그는 "(1년을 더 잘게 쪼개서 운영하는 이유를) 정확하게 알고 계시는군요"라며 공감을 표했다. 청라달튼학교의 5학기제는 여전히 진행 중이다.

모든 교과에서
프로젝트 수업을

청라달튼학교는 학생들의 문제해결 능력을 기르고 창의력을 이끌어내기 위해 프로젝트 학습(Project Based Learning)을 도입했다. 처음에는 교사나 학생 모두 프로젝트 학습에 익숙하지 않아 시행착오를 겪기도 했다. 하지만 일부 교과를 중심으로 시작한 이 수업 방식은 이제 모든 교과로 확산되어 정착 단계에 이르렀다.

간단한 수준의 프로젝트 학습은 초등학교에서부터 시작된다. 이후 본격적인 시기는 '주니어 프로젝트'를 하는 중학교 7~8학년이고, 이는 진로와 연계된 '시니어 프로젝트'를 하는 고등학교로 이어진다.

먼저 초등학교 학생들은 전 학년에 걸쳐 해마다 '북 프로젝트'를 진행한다. 모든 학생들이 한 해 동안 학년별로 일정한 주제를 갖고 자신만의 책을 만들게 되는데, 직접 글짓기를 하거나 그림을 그려 넣기도 하고, 각종 주제별로 사진을 편집하는 등 방식은 제각각 다르다. 유치원 때부터 초등학교 때까지 한 해 한 해 성장하면서 쓴 작품들을 훗날 모두 모아 비교해보면, 학생들이 얼마나 빠르게 성장했는지를 한눈에 알 수 있다.

또한 초등학교 4학년이 되면 시장 경제의 기초를 학습하기 위한 프로젝트를 수행한다. 매년 4학년 4학기에 사회 교과에서 수요와 공급의 개념을 공부한 후, 'Grade 4(G4) Market' 이라는 프로젝트를 하게 되는데, 이때 학생들은 'G4 Market' 을 여는 목적과 방법, 벌어들인 돈의 사용처 등에 대한 세부 계획서를 작성한 뒤 교장의 허가를 받아야 한다. 그다음 초등학교 전체 학생과 교사를 대상으로 설문조사를 실시한다. 그리고 그 결과를 바탕으로 수요가 있다고 판단되는 상품의 판매 예상치 만큼 물품을 만들어, 정해진 시간에 학생들과 교사들을 상대로 판매해야 한다.

판매를 마친 후에도 학생들은 수요에 비해 물건이 부족했거나 정확하게 맞은 것, 남은 것에 대하여 진지하게 토론하는 시간을 갖는다. 물건을 팔 때 친절하지 못했던 점을 반성하기도 하고, 어린 저학년 학생들을 위한 배려가 부족했다는 평가를 내리기도 한다. 이어 판매 수익금을 어떻게 사용할지를 의논한다. 2017학년도에는 학생들이 직접 유니세프 한국위원회를 방문해 기부금을 전달했다. 이 경험을 통해 학생들은 전 세계에는 말로 설명할 수

청라달튼학교 초등부 학생의 '북 프로젝트' 작품 변천사. 해를 거듭할수록 점점 발전해가는 모습을 눈으로 확인할 수 있다.

없을 만큼 어려운 환경에서 살고 있는 아이들이 많다는 것을 알게 되었다. 해당 학생들은 초등과정을 마치고 중학교에 진학한 후에도 다양한 방법으로 기금을 모으는 봉사 활동을 해마다 벌이기로 약속했다. 경제 활동 행위를 기획하고 실천하며 평가하는 과정을 통해 학생들 스스로 실물 경제가 돌아가는 원리와 세상의 여러 면모를 이해하게 된 것이다.

중학교에서는 7학년과 8학년에 주니어 프로젝트 수업을 시행한다. 중학교의 모든 교사들과 고등학교 일부 교사들이 협업하여 프로젝트 주제를 정하고 학생들을 분담하여 프로젝트 수행 절차와 방법을 지도한다. 학생들은 개인별, 또는 조별로 주제와 관련된 소주제를 정한 뒤 가설을 세우고 프로젝트를 진행하여 그 결과를 발표하는 기회를 갖는다. 2017~2018학년도 7학년의 주제는 '세상을 더 좋게 만드는 법(Making the world a better place)', 8학년의 주제는 '웰빙(Well Being)'이었다.

이 주제를 놓고 신발 디자인에 관심을 갖고 있던 7학년의 한 학생은 집 없이 떠돌아다니는 노숙자들을 위한 신발을 만들었다. 그는 가볍고 더러움이 잘 타지 않는 소재와 색을 선정하고 디자인하여 실제 외부 업체에 맡겨 제작까지 해봤는데, 그 결과 자신이 처음 생각했던 것과 달리 다소 무겁더라도 방한이 될 수 있는 신발이 더 필요했다는 것을 깨달았다고 설명했다.

대부분의 8학년 학생들은 다이어트, 건강 식단 등을 소주제로 잡고 프로젝트를 수행했지만, 범죄 수사물을 즐겨보던 한 학생은 '사이코 패스 범죄자는 정상적인 사람들과 무엇이 다를까?'에 의문을 갖고 사이코패스에 대해 조사한 결과를 발표하기도 했다. 또 다른 학생은 '한국의 성범죄'에 대하여 관심을 갖고 조사를 한 끝에 학교에서 성폭력 예방 교육을 실시하는 것이 필요하다는 결론을 도출했다며, 실제로 학생들을 상대로 성폭력 예방 교육을 실시하기도 했다. 이처럼 평소 교과에서는 다룰 수 없는 주제를 자신의 관심사와 연결하여 조사하고 실행하면서 학생들은 자신만의 생각을 발전시켜 나가고 있었다.

　고등학교에서는 각 과목별로 좀 더 심화된 시니어 프로젝트를 진행한다. 개교 초기 영어 교과에서는 학기별로 읽어야 할 책을 선정하여, 이에 대한 독후감, 비평문, 소설 등 다양한 형태의 작문을 쓰도록 하는 프로젝트를 진행했다. 이 과정을 통해 학생들은 교사의 지도를 받아 학년 말 개인별 포트폴리오를 만들 수 있었다. 일방적인 강의 수업에 비해 교과적인 지식은 적게 전달되었을지 모르지만, 학생들은 문학창작이라는 살아 있는 언어 감각을 몸소 체험하고 익히는 좋은 기회를 얻은 것이다.

　심리학 교과에서는 인간의 뇌를 학습하는 과정에서 다양한 방법으로 인간의 뇌 모형을 제작하는 프로젝트를 하기도 했다. 학생들은 조별로 합심하여 제각기 다른 도구와 재료, 제작방식으로 뇌 모형을 만든 후, 발표와 토론을 하면서 뇌의 기능과 역할에 대해 배우고 익혔다. 또 화학 교과에서는 학생들끼리 조별로 가설을 세우고 그것을 입증하기 위해 다양한 분석 재료와 검사 도구를 활용하여 조사해본 뒤, 그 결과를 발표하는 수업을 했다. 지난해 시행한 프로젝트 중 하나는 학생들이 학교 근처 호수공원의 호수 여러 지점에서 물을 채집한 뒤 다양한 방법으로 성분을 분석해보고 그 결과를 발표한 것이었다. 학생들은 조사 결과를 설명하는 과정에서 자연스럽게 환경보호의 필요성까지 제시하며 성장하는 모습을 보여줬다.

이러한 프로젝트 학습의 핵심은 결과물뿐 아니라 결과에 이르는 '과정'을 더 중요하게 생각하는 데 있다. 학생들은 조별로 진행되는 프로젝트 학습 과정을 통해 친구들과 공유하고 협력하는 것이 훨씬 큰 도움이 된다는 것을 깨닫게 된다. 도서관에 있는 책이라든가, 온라인 커뮤니티 사이트라든가, 외부 시설에 있는 각종 자료 등을 어떻게 이용할지에 대한 정보와 방법을 서로 공유함으로써 자연스럽게 타인에 대한 배려와 협동심을 기를 수 있다.

한국 학교에서는 조를 이뤄 하는 수행평가에 대해 일부 학생의 무임승차를 거론하며 평가가 불공정하다고 항의하는 학생이나 학부모를 종종 만나게 된다. 대학입시에 중요한 내신평가를 잘 받지 못하면 어쩌나 하는 걱정과 우려가 상대평가제 속에서 학생들 간의 경쟁을 과열시킨 탓이다. 프로젝트 수업이 많은 청라달튼에서도 초창기 같은 우려를 했지만, 비교적 큰 문제없이 지나갔던 가장 큰 이유는 절대평가제라는 평가 방식에 있었다. 만약 한국 학교처럼 상대평가제를 그대로 실시했다면, '다른 학생이 잘 못해야 내가 평가를 잘 받을 수 있다' 라거나 '내가 잘해봤자 다른 학생들의 평가만 올려주게 된다' 는 식의 의심과 공정성에 대한 문제제기를 끊임없이 받았을 것이다.

하지만 청라달튼학교 학생들은 이제 모두가 협력하여 더 큰 성취를 이루는 것이 나 혼자 앞서가려 하는 것보다 훨씬 더 좋은 결과를 낳는다는 점을 잘 이해하고 있다. 친구들과 협력하고 토론하면서 문제해결을 모색해나가는 과정에서 생각의 범위가 넓어지고, 새로운 아이디어가 자꾸 나온다는 것을 그들 스스로 발견해가고 있다. 교사는 이 모든 학습 과정에서 조언자이자 관리자 역할에만 머물 뿐이다.

물론 학생들의 프로젝트 학습 과정이나 결과가 언제나 '대단한 것' 으로 나타나는 것은 아니다. 진행을 하다보면 어슷비슷한 결과가 나올 때도 있고, 처음 기대에 비해 다소 초라하게 마무리 되기도 한다. 그러나 그 과정에서 학생들은 또 다른 경험을 하게 된다. 비록 결과가 기대만큼 만족스럽지 않더라도 실망감을 극복하고 다른 아이디어를 내보는 용기를 배우기도 하고, 다른 학생들과의 분업이 순조롭지 않더라도 자신이 더 희생하여 협력을 이끌어내는 리더십을 배우기도 한다. 그리고 이런 경험은 결코 교과서만으로는 얻을 수 없는 것이기에 더욱 값지다.

생각해보면 프로젝트 수업은 그 자체로 큰 모험이었다. 교사들 역시 이런 학습 방식이 익숙하지 않았기에, 사실상 준비 과정에서부터 엄청나게 많은 일들을 해야 했다. 1년간 학생들이 배우고 익혀야 할 교과 내용을 5학기에 맞춰 재구성한 다음, 학기별로 꼭 익혀야 할 중요 주제를 정해서 프로젝트 과제로 내주는 작업은 결코 만만한 것이 아니었다. 게다가 한국 학교를 다니다가 온 학부모들의 이해를 구하는 것도 쉽지 않았다. 투자하는 시간에 비해 눈에 비치는 결과가 보잘 것 없어 보일 때도 분명 있기에 더욱 조심스러웠다.

그러나 자신들의 문제를 스스로 해결하기 위해 진지하게 고민하고 친구들과 의견을 나누면서 성장하는 아이들을 지켜보면서, 학교의 교육방침에 동조하는 학부모들이 점차 많아지고 있다. 나 또한 이런 교육과정을 거쳐 대학에 진학하는 청라달튼의 학생들을 볼 때마다 옳은 길을 가고 있음을 확신하고 있다.

실제로 청라달튼학교 졸업생들은 한국 학교를 졸업한 학생들에 비해 무언가를 조사하고 발표하는 일에 상당한 자신감을 보인다. 특히 다른 사람과 의사소통하고 협력하는 일을 전혀 어려움 없이 받아들이는 편이다. 이는 서울대를 비롯한 여러 대학에서 최근 도입, 시행하고 있는 학생 설계전공과도 잘 부합한다. 그리고 무엇보다도 기발하고 창의적인 생각을 직접 실현해보는 이 경험은 미래 사회를 살아가는 데 있어서 학생들에게 큰 도움과 자산이 될 것이라 믿는다.

테크놀로지와
융합된 교육

.

🌐 　한 20년 전쯤 대학 부총장을 하시는 분이 이런 이야기를 한 적이 있다. 종이 기저귀를 찬 두 돌이 안 된 외손주가 TV와 비디오를 자유자재로 작동하는 것을 보면서 요즘 아이들은 태어날 때부터 테크놀로지 기기를 다루는 법을 이미 습득하고 태어나는 게 아닐까 생각했다는 말씀이었다.

정말 그렇다. 요즘 학생들은 컴퓨터나 스마트폰을 숨 쉬듯 자유롭게 사용하는 세대다. 모든 커뮤니케이션과 정보 습득이 디지털 기기를 통하여 이뤄지고 있는 것이다. 이전 세대에선 결코 볼 수 없었던 풍경이다. 종이책의 장점도 분명 있지만 테크놀로지를 적극적으로 활용한 교육이 필요한 이유다. 학생들의 생활과 사고방식에 잘 들어맞고 교수학습 능률과 효과 또한 극대화할 수 있기 때문이다.

청라달튼학교도 처음에는 학생들에게 스마트 기기를 얼마나 이용하게 할지를 두고 고민을 했다. 학생들이 지나치게 게임에 열중하거나 좋지 않은 정보에 노출될 수도 있었다. 또 스마트 기기를 이용해 소통할 경우, 직접 얼굴을 맞대고 이야기하는 것이 아니다 보니 학생들 사이에 오해가 빚어지거나 예상치 못한 문제가 발생하지 않을지 걱정도 되었다. 그러나 미래 사회를 살아갈 학생들에게 올바른 테크놀로지 교육은 꼭 필요하고, 이를 잘만 활용하면 교육 효과를 훨씬 높일 수 있다는 데에 교사들의 공감대가 형성되었다. 1학년부터 12학년까지 적절한 범위 내에서 교육에 활용하기로 결정했다.

초등학교 1학년부터 중학교 8학년까지 모든 학생은 학교가 제공하는 크롬북●을 사용하여 교육을 받게 했고, 고등학교 학생부터는 모든 수업에 노트북을 지참하도록 했다. 교사들은 구글 클래스룸●● 개설을 통해 수업자료와 과제 등 교육의 전 과정을 공개했고, 이는 수업에 관한 내용을 수시로 확인할 수 있는 시스템

● 리눅스 기반 크롬 운영시스템(OS)를 사용하는 노트북. 크롬 브라우저를 비롯해 인터넷을 활용할 수 있는 기반이 모두 갖춰져 있다. 퓨처소스컨설팅닷컴에 따르면 2017년 미국 각 학교에 신규 판매된 컴퓨터 기기 중 58.3퍼센트는 크롬 OS를 활용하고 있다. 또 전 세계 K-12 학교에 신규 판매된 모바일 기기 중 31.3퍼센트(2017년)는 크롬 OS를 쓴다. (https://www.futuresource-consulting.com/Press-K-12-Education-Market-Growth-Forecast-in-2018-0318.html)
●● 구글이 2014년 학교 교육을 위해 개발한 무료 웹 서비스. 과제 부여, 제출, 평가 등 수업에 필요한 여러 과정을 디지털로 진행할 수 있다. 각 학생별 진행 상황을 교사가 파악하고 코멘트를 남기기 편리하며, 이를 학부모 등 관련된 사람들과 공유하기도 유용하다.

으로 활용되었다.

이로써 학생과 학부모는 이번 학기에 무엇을 배우고 어떤 프로젝트를 하게 될지를 미리 알 수 있게 되었다. 교사들 역시 다른 교과, 다른 반에서는 어떤 수업을 진행하는지 언제든 쉽게 파악할 수 있었다. 자연스레 교사들 간에 통합이나 협업 수업이 가능해졌다. 예를 들어 과학 교과에서 앞으로 배우게 될 단원에 대한 새로운 책이 발간되면, 영어 교과에서 그 책을 동시에 과제로 선정해 같이 다뤄주는 방식으로 교육 효과를 높이는 것이다. 교과 간 협업 사례다.

그러나 모든 교사들이 테크놀로지를 다루는 데 익숙한 것은 아니었다. 아직 능숙하지 않은 교사들을 위해 청라달튼학교에서는 테크놀로지 교육 담당자(Ed. Tec. Director)를 배치했다. 이들은 교사가 기술적인 도움을 요청할 때나 새롭게 익혀야 할 내용이 있을 때 알려주고, 가끔 수업에도 직접 참여해 학생들을 돕기도 한다. 또 학부모들이 수업 진행 상황을 파악할 수 있도록 가르쳐주는 등 테크놀로지 교육 전반을 조율하고 운영하는 역할을 하고 있다.

청라달튼학교는 다른 학교처럼 한 교실에 컴퓨터를 몇 대씩 제한해 두거나 별도의 컴퓨터실을 만들지 않았다. 그런 식으로는 개인화된 디지털 환경에 대처할 수 없다고 판단했기 때문이다. 이것

크롬북을 사용하면서 수업에 참여하고 있는 초등학교 학생들(위)과 중학교 학생들(아래)의 모습.

이 초등학교 1학년부터 8학년까지 학생 1인당 한 대(one-to-one)의 크롬북 체제를 갖추게 된 이유다. 1 대 1 크롬북 체제에서는 모든 학생이 전 교과에서 개인별 디지털 포트폴리오(E-Portfolio)를 만들 수 있다. 1년 365일 24시간 내내 온라인 접속을 통해 학습 결과물을 저장하고, 교사·급우·팀원 등과 공유하며 피드백을 주고받는 것이 가능하다.

크롬북이 하드웨어에 해당한다면, 소프트웨어에 해당하는 것은 구글 클래스룸이다. 예를 들어 '상품 디자인'을 주제로 중학교에서 미술 수업을 할 경우, 다음과 같은 활용이 가능하다. 교사가 먼저 구글 클래스룸에 상품을 디자인하는 방법과 절차에 관한 내용을 올린다. 학생들은 수업시간 전에 이 내용을 숙지한 후, 수업시간에 자신이 생각한 상품 디자인을 교사가 알려준 방법과 절차대로 만들어 크롬북에 저장한다. 교사는 크롬북에 올라온 과제물을 확인하고 발표를 시키거나 평가한다.

이는 영어 수업 시간에도 비슷하게 활용된다. 교사가 먼저 구글 클래스룸에 미리 읽어야 할 과제를 올려둔다. 수업이 시작되면 미리 과제를 읽어봤다는 전제로 교사가 질문을 던지고, 학생들은 크롬북으로 답변을 작성한다. 교사는 학생들의 답변을 곧바로 칠판에 띄워서 다른 학생들에게 보여주고, 상호 생각을 비교하게 하면서 토론수업을 이끌어간다. IT 기술을 적극 활용하여 학생들 간의 토론과 질문을 신속하게 이끌어내는 교육, 최근 들어 각광을 받고 있는 역진행 수업(flipped learning)을 실현하고 있는 것이다.

실제로 직접 수업에 참관해보면, 한국 학교 교실과는 너무나 다르게 교사의 질문에 답하기를 희망하는 학생들이 많다는 사실에 놀라게 된다. 질문에 따라 제대로 답을 말하는 학생이 있는가

하면 때로는 틀린 답을 말하는 학생도 있다. 그럼에도 학생들은 거리낌 없이 적극적으로 다양한 생각들을 내놓는다.

그동안 내가 겪어온 한국 학교 교실의 풍경은 이렇지 않았다. 항상 옳은 답을 원하며 질문하는 교사와 틀린 답을 말하는 것이 두려워 교사의 눈을 피하는 학생, 알아도 다른 친구들이 어떻게 생각할지 몰라 가만히 있는 학생들이 교실에 모여 있었다. 서로 묻고 답하는 과정이 없는 교실이라면, 교사는 질문을 하기보다는 항상 정답만을 설명하며 진도를 나갈 수밖에 없다.

다른 사람과 서로 다른 의견을 나누고 생각하는 기회를 갖는 학생들과 정답만을 배우고 외워 지필고사로 평가받는 학생들은 문제해결에 대한 태도와 접근 방법에서 다를 수밖에 없을 것이다. 급변하는 미래 사회에 적응하고, 도전하며 살아가는 자세를 기르는 데는 전자가 더 유리할 것이라고 확신한다.

최소 세 가지
언어를 익혀라

🌐 현대 사회는 물론 미래 사회에서는 언어와 인종, 문화가 다른 다양한 사람들과 소통하며 살아가는 능력이 매우 중요한 부분을 차지하리라 본다. 이를 위해 청라달튼학교 학생이라면 누구나 세 가지 언어를 사용하고 배우며 익혀야 한다.

첫 번째 언어는 영어다. 청라달튼학교의 모든 수업은 기본적으로 영어로 진행된다. 외국어 교과로서 단순히 영어라는 언어만을 배우고 익히는 것이 아니라 영어를 통해 모든 학문적 배경과 지식을 접하고 배우게 되기 때문에, 문제를 해결하기 위해 사고하고 판단하는 과정 자체가 달라진다.

두 번째 언어는 한국어다. 청라달튼학교가 외국인학교이기 때문에 한국어는 아예 사용하지 않을 것이라고 여기는 경우가 적지 않은데, 이는 오해다. 청라달튼학교는 한국 학교법인이 설립한 학교로서, 기본적으로 중학교까지 한국어 교육을 의무교육과정에 포함하고 있다. 단 외국 국적을 가진 학생의 경우 한국어 교육은 의무가 아니라 선택사항이다. 하지만 대부분의 외국인 학부모들은 자녀에게 한국어 배우기를 권한다. 한국에서 사는 동안 한국어를 공부할 수 있는 좋은 기회고, 한국 문화에 대한 이해 또한 넓힐 수 있다고 판단해서다. 다만 영어권 국적이 아니라서 영어 사용에 능숙하지 않은 외국인 학생이라면, 영어 수업을 따라갈 수 있도록 도와주는 ELL 과정으로 대체하기도 한다.

세 번째 언어는 중국어와 스페인어다. 학생들은 둘 중 하나를 선택해 고등학교를 졸업할 때까지 지속적으로 배울 수 있다. 중국어와 스페인어 수업은 철저히 수준별로 진행된다. 학년에 관계없이 말하기·쓰기·듣기 능력을 평가하여 소규모로 수업을 듣게 하는데, 이는 개개인의 능력을 고려한 맞춤형 교육으로 이어진다.

청라달튼학교에서 언어를 배우는 일은 그 언어를 사용하여 소통할 수 있다는 것 이상을 뜻한다. 그 언어를 사용하는 국가와 민족의 사회·문화·정치·경제에 대한 이해의 폭을 넓히고, 나아가 다른 문화에 대한 개방적 태도를 습관화하여 세계 어디에 나가서도 자신 있게 공부나 일을 하며 살 수 있는 능력을 배양하는 것이 목표다. 그러나 대부분의 학생들은 학교를 벗어나면 영어나 중국어, 스페인어를 접하기 어려운 환경에 놓인다. 초등학교부터 여러 언어를 자유롭게 접할 수 있도록 독서 교육에 힘을 쏟는 것도 이 때문이다.

초등학교 도서실은 어린 학생들이 쉽게 접근하여 자유롭게 책을 읽을 수 있도록 개방된 환경을 갖추고 있다. 도서실에 있는 모든 책들에는 핑크, 그린, 블루 등의 색깔별 띠가 붙여져 있는데, 학생들은 이를 보고 자신의 '읽기 지수(읽는 능력)'에 따른 책을 선택할 수 있다. 또 책을 다 읽은 후엔 간단한 독후 활동도 하게 되는데, 학생들 스스로 온라인에 접속해 책을 제대로 읽었는지 확인하는 퀴즈를 풀어보는 것이다. 이러한 독서 활동은 자연스럽게 몸에 밸 수 있도록 유치원 때부터 서서히 시작하며, 1학년 때 집중적으로 습관화한다. 1학년 이상부터는 모든 학생들이 1 대 1 크롬북을 사용하기 때문에 책을 읽으면 온라인상에 저절로 기록이 남게 된다. 그 결과 어떤 학생이 어떤 책을 얼마나 많이, 어느 정도 자주 보는지를 꾸준히 체크할 수 있다.

이처럼 체계적인 독서 교육을 통해 학생들은 어려서부터 꾸준히 다양한 종류의 많은 책을 접할 수 있다. 그리고 이러한 경험은 해당 언어 뿐 아니라 그 언어를 사용하는 사람들과 그들의 문화까지 종합적으로 접해보는 과정으로 연결된다. 초등학교 도서실에서는 가끔씩 세계 각국에서 온 학부모들이 각자 자신의 나라 책을 가지고 와, 그 나라의 책을 소개하고 읽어주는 행사도 진행한다. 학생들이 서로 다른 문화에 대해 이해하고 소통하는 데 도움이 되도록 하려는 목적이다.

운동장에서
별을 보는 아이들

청라달튼학교 학생들의 학교생활은 교실에만 머물러 있지 않다. 정기적으로 학생들이 주최가 되어 학부모들과 교사들 앞에서 무엇을 배우고 있는지를 선보이는 발표회(Assembly)를 비롯하여 여름 콘서트, 크리스마스 콘서트, 캔들 나이트 행사 등 다양한 공동체 활동을 한다. 한국 학교와 달리 이 모든 행사는 준비 과정에서부터 진행에 이르기까지 학생이 주체가 되며, 교사는 게스트로서 참석만 할 뿐이다.

물론 이 모든 교육은 초등학교 때부터 시작된다. 어린 초등학교 아이들 역시 스스로 준비하고 참여할 수 있도록 지도하고 있으며, 그중에는 학교 도서실에 자신의 반려 동물들을 데리고 와서 책을 읽어주게 하는 행사도 있다. 단 하루 반나절 동안이지만 동물들과의 교감을 통해 그들을 이해하고 배려하는 기회를 갖는 경험만으로도 아이들의 감성은 풍부해진다. 또한 초등학교의 많은 학생들이 잊지 못할 추억으로 꼽는 활동이 있는데, 바로 3~4학년 때 학교 운동장에서 벌이는 1박 2일 캠프다. 밤하늘의 별자리를 바라보며 부모님과 난생 처음 떨어져 친구들과 보내는 하룻밤은 아이들에게 소중한 추억으로 남게 된다. 이외에도 프로젝트 수업과 연관된 여러 가지 야외 체험학습 등을 통해 학생들은 다채로운 학창 시절을 보내게 된다.

이는 중·고등학교도 마찬가지다. 중·고등학교에서 열리는 행사들은 대부분 학생회(Students council)가 스스로 모든 것을 기획해서 진행한다. 할로윈 파티 같은 각종 이벤트 행사는 물론, 아침 등교시간에 도넛을 팔거나, 학년이 끝날 무렵 버려진 후 찾아가지 않는 교복이나 물품을 손질하여 판매하기도 한다. 이렇게 얻은 기금으로 새로운 봉사 활동을 시작하거나 의미 있는 곳에 전달하는 것도 모두 이들의 몫이다. 이러한 과정과 결과를 학생 모두가 함께 공유하며, 성취와 보람의 계기로 삼고 있다.

또 이런 비교과 행사들 중에는 학생들이 자발적으로 참여하는 스포츠도 중요한 부분을 차지한다. 교내 체육대회가 따로 열리기는 하지만, 이와 별개로 주말마다 학생들은 시즌별로 각기 다른 여러 종류의 스포츠 경기를 한다. 축구, 배구, 농구, 배드민턴, 단거리 마라톤, 수영 등 여러 가지 운동에 직접 참여하면서 체력도 기르고, 다른 학교 학생들과도 교류하며 친분을 쌓는다. 이처럼 학교 행사 자체를 기쁘게 참여하는 아이들, 학교 운동장에서 뛰면서 별을 보는 것만으로도 행복해하는 아이들로 가득한 교육 현장이 많아지길 바랄 뿐이다.

세계 각국 대학으로의
열린 문

청라달튼학교는 세계 각국 대학으로 다양한 진학 기회의 문을 열어주고 있다. 우선 미국 소재의 어느 대학이든 진학할 수 있다. WASC(Western Association of Schools and Colleges)에서 인가를 받은 미국 표준 교육 프로그램을 운영하는 정규 학교이기 때문이다. 또한 한국 소재의 어느 대학이든 갈 수 있다. 국내에 있는 외국인학교라 해서 모두 국내 대학에 진학할 수 있는 것은 아니다. 국내 외국인학교 가운데 한국 정부의 학력 인증을 받아 졸업생들이 자동으로 국내 대학 진학 자격을 갖게 되는 학교는 현재 청라달튼학교 뿐이다. 이외에도 원한다면 어느 나라든 선택이 가능하다. 실제로 많은 학생이 영국, 홍콩, 일본, 싱가포르, 두바이, 스위스 등 세계 각국의 대학으로 진학을 하고 있다.

학교의 대학 진학 상담실(College counselor)은 학생들과의 개별 또는 집단 상담을 통해 구체적으로 무엇을, 어떻게 준비해야 하는지를 알려주는 역할을 하고 있다. 그 외 대학별 진학 자료를 수집하고 안내하는 일도 한다. 대학 진학을 위해서는 학생들 개별적으로 교과 활동과 비교과 활동을 준비해야 한다. 자신의 적성과 진로를 신중하게 고려한 교과 선택도 해야 한다. 학생들이 어떤 교육과정(교과별 이수 경로 및 선택 교과목)을 이수했고, 거기서 어떠한 성취를 이뤄냈는가는 중요한 평가 자료가 되기 때문이다.

고등학교 4년 동안의 비교과 활동 역시 학생의 적성, 열정, 책임감, 리더십 등을 판단하는 대입 전형 자료로 활용된다. 청라달튼학교의 비교과 활동에는 클럽 활동(Co-Curricular Activity)과 방과 후 활동(Extracurricular Activity), 봉사 활동(Service Learning), 학생자치 활동인 학생회와 스쿨 NGO 활동 등이 있다.

이처럼 학생들을 해외 대학에 보내기 위해 학교는 적지 않은 노력을 기울인다. 학생 개개인에 대한 자료 못지않게 중요한 것은 '학교 프로파일(school profile)'을 준비하는 일이다. 학교 프로파일은 학교의 교육철학, 교육과정, 교육 활동 및 표준화 검사 등의 통계치에 관한 자료를 담은 것으로, 학생 개인에 대한 평가 자료와 함께 학생들이 지원하는 대학에 제공된다.

학교 프로파일이라는 개념은 한국 교육에서는 생소한 것이다. 국가가 정해준 교육과정과 평준화 정책을 그대로 따라야 하는 한국 고등학교들은 실제로 개별 학교 간에 차이가 있어도 그것을 드러내기가 어렵다. 학교 간 차이가 두드러지는 일 자체가 평준화 정책의 실패라고 여겨질까봐 이를 가능한 한 대학입시에 반영하지 못하도록 국가가 억제하고 있기 때문이다. 특목고나 자사고 출신 학생들, 심지어 사교육이 많이 이뤄지는 대도시의 학생들마저 대입에서 불리함을 겪어야 '평등'하다는 것이 교육당국과 일부 사람들의 생각이다. 평준화 정책에 따른 국가의 강제 배정을 정당화하기 위한 이유도 있다.

하지만 그 결과는 자명하다. 좋은 학교를 만들기 위한 학교 단위의 노력은 제한된다. 대학은 모든 학생들이 동일한 교육을 받았다고 가정하고, A학교의 1등과 B학교의 1등이 같다는 전제하에 입시 평가를 하도록 규제받고 있다. 그러나 이런 입시 정책은 학생들로 하여금 친구들과 협력하는 법을 배우게 하기보다는 점수 따기 경쟁에 몰두하도록 만드는 결과를 낳을 뿐이다.

평준화 정책에 따라 학교 간 차이는 존재하지 않는다는 가정하에 학생들만 급우들과 경쟁시키는 것이 바람직한가? 아니면 학교 스스로 더 좋은 교육을 위해 노력하도록 허용하고, 그 결과를 대학에서도 인정하게 하여 다시금 고등학교가 좋은 교육을 하도록 유도하는 것이 바람직한가? 어떤 방식이 학생들에게 더 다양한 경험을 제공하고, 미래 사회에 꼭 필요한 교육이 될 것인가?

국가가 평준화라는 미명하에 일괄적이고 획일적인 교육정책으로 학교 현장을 통제하는 것은 바람직하지 못하다. 국가가 의도했든 아니든, 학교 단위의 노력을 끊임없이 막으려는 한 어떠한 교육정책도 결코 성공하지 못할 것이다.

고등학교는 미래 사회에 살아갈 학생들이 갖춰야 할 역량과 자질을 길러내기 위한 곳이다. 따라서 학교는 확고한 교육철학을 가지고 새로운 환경 변화에 발맞춰 교육과정을 개선하기 위해 항상 고민하고 실천해야 한다. 이러한 학교의 노력을 통해 길러진 학생들의 잠재 역량에 대해 대학이 보다 공정하게 평가하는 날이 올 때, 고교 교육은 살아날 수 있다고 믿는다.

외국 대학입시에 꼭 필요한 학교에 대한 정보가 담긴 프로파일이란 무엇이며, 국내에 이를 도입하려면 어떤 내용으로 구성해야 할까?

미국이나 영국 등에서는 학교가 프로파일을 작성하는 것을 당연하게 받아들이고 있다. 학교 프로파일이란, 학교의 장점만을 부각시키고 홍보하는 내용으로만 구성되어 있는 것이 아니다. 학교 프로파일에는 필히 해당 학교와 학년 전체 학생의 표준화 학력평가 점수 분포가 기록되어 있어야 한다. 이러한 자료가 학교별로 작성한 내신의 객관성과 공정성을 담보하기 때문이다.

예를 들어 학교가 어떤 학생의 내신성적이 매우 뛰어나다고 기록하여 대학에 제출했는데, 그 학교 전체 학생의 표준화 시험 통계치가 낮다면 이 학교의 내신성적은 높은 학력을 보장하는 근거가 되기 어렵다. 그 정도가 심할 경우 대학에서는 그 학생의 개별 내신성적을 인정하지 않을 뿐만 아니라 해당 고등학교도 신뢰할 수 없다고 판단할 수 있다. 그렇기에 학교와 교사는 교과 내신평가를 매우 객관적이고 공정하게 해야 하고 평소 학생들 전반의 학업 능력을 신장시키기 위한 노력을 기울여야 한다.

또 이런 경우도 발생할 수 있다. 어떤 학생이 매우 높은 표준화 학력평가 점수를 받았다고 대학에 제출했는데, 이와 연관성 있는 교과의 학교 내신성적이 이에 비해 상당히 낮았다면, 대학에서는 그 연유를 궁금해 하고 이 학생에 대한 의문을 가질 수 있다. 전형 과정에서 설득력 있는 이유가 제시되지 않는다면, 지능은 좋은데 학교생활에 적응하지 못한 것으로 판단되어 불리한 평가를 받을 수도 있다. 물론 구체적인 상황에 따라 대학마다 다른 결론을 내릴 수도 있을 것이다.

즉 대학은 입시 평가를 할 때 학교 프로파일에 나타난 교육철학과 교육과정 등을 보고 지원 학생의 학업 능력, 잠재 능력을 종합적으로 유추하며, 교과 내신성적은 표준화된 성적과의 상관관계를 토대로 평가한다. 또한 그 학생만의 개별적인 비교과 활동 내용을 살펴봄으로써 학생이 가진 자질과 태도를 가늠한다.

이러한 입시체제는 고등학교가 확고한 교육철학을 가지고 학생들의 능력과 환경에 맞는 교육과정을 운영하도록 독려한다. 아울러 이 과정에서 학생들이 가지고 있는 잠재적 능력을 최대한 발현할 수 있도록 하는 기회를 제공한다. 물론 그 과정에서 학교는 표준화된 능력 검증을 공정하고 객관적으로 실시함으로써 신뢰를 쌓아야 한다는 과제도 함께 부여하고 있다.

한국 학교 교사
연수에서 느낀 아쉬움

청라달튼학교 교육을 한국 학교로 확산할 수 있을까? 그 답에 대한 단초를 얻는 한 계기가 있었다.

2016년 청라달튼학교는 인천광역시 교육연수원에서 위탁받은 '초·중등 영어 교사 수업실습 단기집중 직무연수'를 실시했다. 여름방학부터 겨울방학 때까지 총 90시간에 걸친 장기 연수였다. 우리나라 교사들이 그간 해외에 나가 연수를 하는 경우는 많았지만, 상대적으로 짧은 시간 내에 외국 학교의 학사 일정에 맞춰 선진 교육의 모든 것을 다 들여다보기는 어려운 일이었다. 이에 국내에 있는 청라달튼학교에서 연수를 하자는 의견이 나왔다고 했다. 제안을 검토 후 한국 학교법인으로서 한국 교육 발전에도 의미가 있는 일이라 여겨, 학교 운영에 방해가 되지 않는 범위 내에서 연수 위탁을 받는 것이 좋겠다고 결정했다.

인천 지역 초·중등 영어 교사 27명이 이 연수에 참여했다. 여름방학 중에 시작된 기초단계 프로그램부터 보고 배운 것을 교사 본인의 학교 현장에 적용하는 마지막 연구과제(Action research) 프로그램에 이르기까지 연수 교사들과 청라달튼학교 모두 적지 않은 부담을 느낄 수밖에 없는 시간이었다.

우리는 청라달튼학교를 있는 그대로 보여주기로 했다. 특히 청라달튼학교의 외국인 교사들이 어떻게 교육과정을 구성하고 교수학습 방법을 개발해서 시행하는지를 보여주는 데 중점을 두었다. 먼저 학교 교육과정의 운영체제와 방법을 소개하고, 외국인 교사들의 협의과정에 함께 참여하게 하여, 수업시간에 이뤄지는 다양한 교수법을 직접 보고 듣게 했다.

이에 따라 연수 교사들은 학기가 시작되기 전 청라달튼학교 신임교사들이 참여하는 오리엔테이션 과정부터 개학 전 모든 교사가 참여하는 1년간의 학교 운영계획 및 교육 협의 과정, 다양한 교수학습 프로그램 활용 과정 등을 다 지켜볼 수 있었다. 그다음에는 학교에서 이뤄지고 있는 실제 수업을 비롯한 전 교육 활동에도 참관시켰다. 정해진 프로그램만 보여준 것이 아니라 연수생이 자유롭게 보고 싶은 것을 선택할 수 있도록 구성했다. 그리고 맨 마지막에는 연수 기간에 보고 들은 것 중 본인이 근무하는 한국 학교에 적용 가능한 것을 골라 실제로 실행해보고, 그에 대한 소감 및 보고서를 작성하여 겨울방학 때 청라달튼학교로 돌아와 발표하게 했다.

지금까지 국내 어디에서도 찾아볼 수 없는 연수 방식이었다. 장단점이 있을 수 있겠지만, 기존의 연수 방식과 다른 외국인학교의 운영 방식에 직접 참여해보는 것만으로도 연수생들을 자극할 수 있을 것이라 기대했다. 예상처럼 처음 연수 교사들은 적잖은 호기심을 보였다. 새로운 연수 방식에 대한 긍정적인 반응도 많았고, 수업 참관에 대한 기대도 커서, 실제 수업 참관 후에는 더 많은 수업들을 보고 싶어 했다. 이때까지는 성공적인 연수였다.

그런데 마지막으로 연수 교사 본인이 자신의 학교 현장에 적용할 연구 과제를 수립하고 실행하는 부분에 이르러 난관에 봉착했다. 겨울 방학이 되어 연수 교사들이 다시 모여 각자 수행한 연구 과제를 제출하고 발표했을 때, 일부 교사들은 스스로 찾은 새로운 교육 방법을 한국 학교에서 시도하기가 매우 어려웠다고 호소했다. 연수 교사들이 보여준 그동안의 열기 때문에 기대가 컸던 외국인 교사들은 정작 현장에선 적용할 수 없더라는 결론에 실망스러워하는 눈치가 역력했다. 그러나 한국 학교 현장을 잘 알고 있는 나로서는 충분히 이해할 수 있는 일이었다.

시간이 부족한 탓도 있었을 것이고, 학교 현장에서 주어진 업무에 충실해야 하는 교사로서 추가적인 변화를 시도하기가 어려웠던 탓도 있었을 것이다. 과거 한가람을 방문했던 교육에 종사하는 모든 이들이 "한가람은 해도 우리는 못한다"고 고개를 저었던 것과 같은 이유는 아니었을까 하는 생각이 들었다.

연수가 끝날 무렵 연수 교사들에게 연수 만족도에 대한 설문조사를 했다. 외국인학교의 문을 열고 전반적인 운영체제와 실제 수업 모습을 직접 볼 수 있었던 것에 의미를 두는 연수 교사들이 많았다. 또 청라달튼학교에서 사용하는 구글 에듀케이션, 독서교육 등 다양한 교수학습 도구들을 한국 학교에 적용하고 싶으나, 물리적 환경의 제약이 크다는 후기도 있었다.

이 경험만으로 한국 학교 전체의 문제를 단정적으로 판단하는 것은 다소 성급할지도 모른다. 그러나 한국 학교를 오랜 기간 운영해온 경험과 이때의 한국 교사 위탁 연수 경험은 일관되게 한가지 사실을 가리키고 있었다. 한국 학교들이 변화를 꾀하기 어려운 경직된 상태라는 점이다. 내부에서 변화를 원하는 목소리가 나오고 구체적인 실행 계획까지 고민하는 사람이 있다 하더라도, 이런 저런 안팎의 장벽에 가로막히다 보면 학교 현장에서 실제 변화를 일궈내는 일은 아주 어렵다는 것이다.

학생들이 다니고 싶어 하는
세계적인 학교로

🌐 청라달튼학교는 한국 학교법인이 설립한, 그러나 한국 교육체제에서 벗어난 유일한 학교다. 한국 교육체제는 초등학교와 중학교, 고등학교가 통합되는 것이 불가능하지만, 청라달튼학교는 유치원부터 초·중·고교를 통합해 가르친다. 그렇기 때문에 학생의 능력과 학습 속도, 진로 등을 감안한 완전한 무학년제를 도입할 수 있었다. 학생의 잠재력이 가장 커질 수 있는 방식으로 가르치기 위해서였다. 또한 1년을 두 학기로 나누는 관행에서 벗어나 5학기제를 실시할 수 있었다. 학습 결과만이 아니라 학습 과정을 평가하기에 적합한 체제를 구축하기 위해서였다.

이처럼 청라달튼은 국가 교육과정에 따른 교과서에 의존해 정해진 정답만 고르도록 훈련하는 암기 위주의 주입식 교육에서 벗어나, 학생들의 창의력과 문제해결 능력을 길러줄 수 있는 교육과정을 만들기 위해 학교와 교사, 학생들 모두가 함께 노력하고 있다.

그럼에도 어쩌면 누군가는 '국가가 정해놓은 교육과정대로, 교과서는 물론 학년별 수업시간까지 모두 통제했기에 그나마 한국 학교 교육이 평균 이상은 되지 않는가?' 라고 반문할 수도 있을 것이다. 그러나 우리 사회는 정해진 범위 내에서 일정한 능력을 갖춘 인력을 대량으로 배출하는 것이 긴요했던 산업화 시기를 지나온 지 오래다. 이제는 단지 평균 이상만이 아니라, 급격하게 변화하고 발전하는 사회에 능동적으로 적응하여 새로운 방식으로 문제를 해결할 줄 아는 창의적인 인재를 길러내야 한다. 그러기 위해서는 국가가 먼저 길을 열어줘야 한다. 학교와 교사가 자율적으로 사회 변화를 수용하고 미래를 대비하도록, 학생들에게 가장 적합한 교육 방법을 스스로 연구하고 개발할 수 있도록 길을 만들어줘야 한다.

청라달튼학교는 학습 결과 뿐 아니라 학습 과정을 중요하게 여긴다. 짧게는 3개월, 길게는 1년짜리 프로젝트 수업을 통해 자연스럽게 협동학습과 리더십 교육이 이뤄지도록 만들고 있다. 특히 내신 절대평가 도입은 반 친구를 경쟁자가 아닌 협력해야 하는 대상으로 바라보게 하는 계기가 되었다. 학생들은 자연스럽게 프로젝트를 수행하는 과정에서 각자 능력에 맞게 역할을 분담하고, 맡은 부분 최선을 다할 줄 알게 되었다. 만약 한국 학교처럼 상대평가 9등급제를 그대로 실시했다면, 이러한 수업은 꿈도 꿀 수 없었을지도 모른다.

 청라달튼학교는 교과 활동 외에도 다양한 스포츠 활동, 예술 활동, 행사 등의 비중 역시 크게 생각한다. 초·중·고등학교의 모든 단계에서 정신과 육체의 발달이 고르게 이뤄지도록 하려는 것이다. 다만 이러한 활동은 학교가 나서지 않는다. 학생들 스스로가 기획하고 자율적으로 참여할 수 있게 한다. 매 주말마다 열리는 학교 간 스포츠 대회도 이기고 지는 것보다 참여해서 즐기는 데 의의를 두는 학생들이 더 많다. 이러한 경험은 학생들의 학교생활을 풍요롭게 할뿐만 아니라 즐겁고 행복한 삶을 스스로 만들어가는 경험을 채워준다. 대학 진학 과정에서 이 같은 비교과 활동이 학생의 성격, 사고방식, 삶의 태도 등을 드러내는 훌륭한 기록이 되어주는 것은 덤일 뿐이다.

 청라달튼학교는 언어도 중요시한다. 청라달튼학교의 세계 각국에서 모인 교사들과 학생들은 공통어인 영어로 모든 교과를 학습하면서도, 한국어와 한국사를 초등학교와 중학교에서는 의무로, 고등학교에서는 선택과정으로 가르친다. 학교가 자리 잡은 공동체인 한국 사회에 대해 올바르게 이해할 수 있도록 하려는 노력이다. 한국 국적의 학생에게는 한국에 대한 정체성을 심어주고, 외국 국적의 학생에게는 한국을 정확하게 알리려는 취지다. 그리고 실제로 이러한 교과 운영은 외국 문화가 더 익숙한 일부 한국 학생들에게 한국 사회에 적응할 수 있는 능력을 키워주는 역할을 한다. 외국에서 조기 유학을 하거나 외국인학교 및 국제학교를 다닌 학생들은 종종 한국 사회에 정착하는 과정에서 어려움을 겪는다. 한국어와 한국사 수업은 이들이 한국 대학에 진학하거나 한국 기업에 취직하려 할 때, 한국 조직에 쉽게 적응할 수 있게 하는 디딤돌이 될 수 있다. 아울러 학생들은 영어와 한국어 외에도 스페인어 또는 중국어 중 한 언어를 선택해 추가로 익혀야 한다. 이렇게 익힌 세 개의 언어는 학생들이 세계 곳곳에서 고등교육을 받거나 자유로이 의사소통을 하며 살아가는 데 큰 밑거름이 되어줄 것이다.

청라달튼학교는 한국 교육을 하던 한국 학교법인이 세운 학교다. 그렇기 때문에 한국 교육의 발전가능성을 보여줄 수 있다. 나아가 한국은 물론 세계에, 학교 교육의 새로운 대안을 제시할 수 있다고 믿는다. 청라달튼학교를 한국에서 뿐 아니라 세계적으로도 '가고 싶은 학교, 보내고 싶은 학교'로 만들고자 하는 이유다.

___

학교 교육의 경쟁력을 위한 제언

6·25 전쟁의 폐허를 딛고 설립된 학교법인 봉덕학원은 지난 60년 동안 한국이 필요로 하는 인재를 육성할 수 있는 여러 학교를 세워 운영해왔다. 첫 출발은 1950년대 배고픔을 잊고 문맹에서 벗어나기 위하여 설립한 성광공민학교였다. 50년대 말에는 천대받던 여자아이들도 공부를 계속해야 한다는 뜻에서 봉영여자중학교를 설립했다. 60년대 초엔 여성의 사회적 경제 활동을 지원하기 위하여 봉영여자상업고등학교(영등포여상)를 세웠다. 또 80년대엔 여성도 고등교육을 받을 수 있는 기회를 주기 위하여 일반계 고등학교인 양천여자고등학교를 설립했다.

이어 90년대엔 세계화와 정보화 시대를 맞이하여 새로운 사회 변화를 수용하기 위해 한가람고등학교를 선보였다. 한가람고는 학생 선택의 교육과정과 교수학습에 전념할 수 있는 교과교실제 운영, 이수 경로를 달리한 무학년제의 학점제 실시, 학생복지의 일환인 고등학교 직영급식, 파격적인 반바지 교복 등으로 한국 교육에 적지 않은 충격을 주었다.

　그러나 한국 교육은 여전히 변하지 않고 있다. 시대 변화를 수용하기 위한 백년지대계를 짜는 것이 아니라, 고작 교과별로 주당 수업시간(이수 단위)을 한 시간 늘렸다가 줄였다가 하는 정도에만 머물고 있다. 모두들 그렇게 교육을 바꿔야 한다고 하면서도 왜 바꾸지 못할까? 이유는 간단하다. 학교와 교사를 믿지 못해 자율권을 줄 수 없다는 도그마에 얽매여 있기 때문이다. 학교와 교사에게 자율권을 주지 않는 한, 근본적인 변화는 일어날 수 없다. 그러므로 과거의 교육에서 벗어날 수 없다. 사회 변화를 수용하지 못할 뿐만 아니라, 여론과 정책에 따라 오락가락하면서 교육 현장의 혼란만 가중시킨다.

　현재 한국의 교육정책과 교육과정은 전부 교육부가 주도한다. 이제라도 교육부가 모든 규제와 권한을 내려놓아야 한다. 교육법을 뜯어고쳐야 한다. 가장 기본적인 학제부터 시작해서, 과도하게 세분화된 국가 교육과정의 교과목 등을 미래 사회에 적응할 수 있는 교과목으로 통폐합해야 한다. 사실 교육부가 할 일은 따로 있다. 교과목 통폐합에 따른 교사양성 체제와 임용제도, 연수 및 재교육 등에 이르기까지 학교 단위에서 할 수 없는 일에 집중하여 학교의 발전과 개혁을 지원해줘야 한다.

그렇게 하지 않고서 4차 산업혁명 시대를 준비하는 인재를 어떻게 키울 수 있을 것인가? 미래 사회에 대비하는 인재를 키우는 법은 20세기형 인재를 키우는 법과는 다를 것이다. 어떻게 이들을 키워야 할지 알아내기 위해선 새로운 교육 방법을 연구 개발해야 하고, 학교 단위에서 연구가 어려운 부분이 생길 때 이를 조율하고 지원하는 것이 바로 교육부의 역할이어야 마땅하다.

시도 교육청은 학교에 예산을 분배하고 학교 교육 활동을 지원하는 기능만을 가져야 한다. 그리고 필요한 기본 수준의 교육은 유지하도록 독려하되, 그 이상의 교육은 학교에게 자율권을 줘야 한다. 무슨 교과를 가르치고 안 가르치는지, 몇 시간 가르치고 어떻게 가르치는지는 학교와 교사, 학생이 각자의 상황에 맞게 자율적으로 최선의 선택을 할 수 있게 해야 한다. 우리 교육당국은 그것을 무서워한다. 늘 반대하는 이유는 똑같다. '학교의 파행적인 운영'이 우려된다는 것이다.

하지만 학교는 생각보다 파행 운영이 쉽지 않다. 대학입시 때문에 국·영·수만 가르칠 것이라고 생각할 수도 있겠지만 이 또한 쉬운 일이 아니다. 과거에 파행적인 운영을 한 학교가 있었다 할지라도 지금은 그러기 어렵다. 학교 정보를 모두 투명하게 공개하고 있거니와, 잘못했다간 단박에 온라인상 글이 올라오고 여러 언론 매체에 기사가 나올 것이다. 이제는 교육당국이 직접 나서지 않더라도 우리의 교육 공동체가 그런 학교들이 설 자리를 없게 만들 것이 뻔하다. 미래 세대를 위한 바른 교육에 대한 사회적인 공감대가 자연스레 형성될 것이다. 학교들이 엇나갈까봐 걱정되서 학교에 자율권을 줄 수 없다는 사고방식은 그야말로 구더기 무서워 장 못 담그는 꼴이다.

현재 국가는 대학입학제도를 통해 전국의 대학교와 고등학교를 통제하고 있다. 이러한 시스템에서는 공정성과 객관성을 확보한다는 명분하에 전국의 학생을 모두 점수에 따라 일렬로 세울 수밖에 없다. 모든 학교를 똑같다고 가정하고 평가하라는 것은 평준화 정책을 유지하기 위한 인위적 규제에 불과하다. 이렇게 해서는 학교의 노력을 이끌어내지 못할 뿐 아니라, 대학들도 학생들의 점수 따기를 조장하는 입학제도를 내놓는 데 그칠 수밖에 없다. 모든 고등학교의 창의적인 교육은 뒷전으로 밀리게 된다. 학교 교육이 노력하지 않기 때문에 사교육은 더욱 더 늘어날 것이고, 결과적으로 교육의 불평등은 더욱 심각해질 것이다.

학교들이 학생들의 잠재된 능력을 이끌어내기 위해 어떤 노력을 했는지를 정당하게 대학입시에 반영되도록 해준다면 이러한 부작용은 발생하지 않을 것이다. 고등학교의 자율적 운영에 대해서도 지나치게 우려할 필요 없다. 모든 고등학교는 나름대로 학생들에게 적합한 교육과정을 만들고, 그에 맞는 교수학습 방법을 개발하고 적용할 것이다. 대학들도 이런 노력에 부응하여 다양한 방법으로 고교의 노력을 검증하는 선순환 구조를 만든다면 대학뿐 아니라 모든 학교 교육이 살아나게 될 것이다.

변화는 언제나 요구되고 있었지만, 지금 더욱 더 변화가 필요한 이유는 또 있다. 학생들이 넘쳐나서 고민하던 시대가 끝났다는 점이다. 이제는 학생들이 줄고 학교가 남아도는 상태다. 그렇기 때문에 학교와 교사가 자율적으로 살아남기 위한 노력을 하도록 열어줘야 한다. 이 과정에서 학교가 창의적으로 발전한다면 학생에도 학교에도 또 국가 전체로도 바람직한 일이다.

현재 한국 교육은 국가가 교육부와 교육청을 통해 획일적인 교육정책과 제도를 만들어 학교를 통제하려는 시스템이다. 우리는 아무 것도 하지 않고 현 상태에 머물 수도 있다. 그럴 수밖에 없는 수많은 이유와 변명들이 있을 것이다. 그러나 그렇게 머물러 있는 사이, 한국의 학교 교육은 시대에 뒤떨어져 더 이상 회복하지 못할 수 있다. 이 점을 정말 무섭게 받아들여야 한다.

〈봉덕학원의 발자취〉

- 1952년 6·25 동란 외중 성광공민학교 설립

- 1959년 학교법인 봉덕학원, 봉영여자중학교 설립

- 1961년 봉영여자상업고등학교 설립

- 1976년 봉영여자상업고등학교를 영등포여자상업고등학교로 변경

- 1977년 영등포여자상업고등학교 산업체 특별학급 부설

- 1988년 양천여자고등학교 설립

- 1993년 양천여자고등학교와 봉영여자중학교 법인 분리(학교법인 득양학원)

- 1997년 한가람고등학교 설립

- 1999년 실업계 영등포여자상업고등학교를 특성화 영상고등학교로 변경

- 2002년 영상고등학교 법인 분리(학교법인 영상학원)

- 2011년 청라달튼학교 설립

영등포여상 졸업생들의 글

학기 내내 채용시험에 낙방하고, 결국 졸업 때까지 취업이 안 된 채 졸업식 날을 맞았습니다. 선생님께 마지막으로 인사드리고 교문을 나서는데, 안타까운 마음으로 바라보시던 선생님께서 제게 이렇게 말씀하셨지요.

"너는 눈에 총기가 있어서 꼭 취업 될 거야!"

졸업 후 농협에 취업해서 35년째 근무하고 있습니다. 선생님의 그 말씀 지금도 생생히 기억하고 있습니다. 이옥식 선생님, 뵙고 싶습니다. 사랑합니다.

—농협중앙회 여성복지국장 최문옥

어쩌면 암울하고 무의미하기만 했을 고교시절, 호통을 치시다가도 칭찬 한마디를 꼭 해주셔서 제 자존감을 살려주셨지요. 그 기억이 너무 좋아 지금도 전 누구를 만나든 칭찬 한마디부터 먼저 한답니다. 파워 넘치던 이옥식 선생님, 그 모습이 지금도 그립습니다.

—선생님의 아픈 손가락 이희경

책 출간을 진심으로 축하드립니다. 지금까지 교육에 열정을 다해 헌신하신 이옥식 선생님께 감동과 존경을 표합니다. 선생님 인생의 한 페이지에 저희들이 있어 영광스럽습니다.

—영등포여상 19회 졸업생 조혜옥

제 사회생활 첫 단추를 끼워주신 이옥식 선생님. 추천해주신 은행을 안가겠다고 고집 부리던 철부지 제자를 설득해 보내놓고는 떨어질까 노심초사하시다가 합격 소식에 그제야 활짝 웃으셨던 선생님. 지금은 신의 직장으로도 불리는 그 곳에 입사했던 그 일이 제 인생의 터닝포인트가 되었습니다. 선생님, 고맙습니다. 늘 건강하세요.

—영등포여상 19회 졸업생 이윤희

한가람고 졸업생들의 글

해가 갈수록 현장에서 느끼는 회의와 공허가 점점 더 독해진다고 느낄 때, 종종 나의 열일곱 시절을 떠올린다. 양 손에 가득 쥔 열정과 헌신을 어떤 상황에서도 놓지 않으려 하셨던 분들. 아이들과 함께 웃고 울고 땀 흘리고 고민하는 것을 행복으로 삼으셨던 분들. 나의 선생님들. 내가 한가람에서 만난 분들.

교육은 미래를 향해야 한다지만 학교는 보수적이다. 혁신보다 안주를 선택할 때가 많다. 새로운 도전 대신 익숙한 반복으로 눈길이 향할 때마다 생각한다. 열일곱 아이들의 손을 잡고 미래를 향해 앞장서서 걸어가 주셨던 나의 선생님들을. 그분들의 용기와 비전을. 그분들과 함께 했던 한가람을.

— 한가람고 1회 졸업생 하승연

학창시절 내내 한가람은 저에게 기대, 설렘, 행복 그 자체였어요. 선생님들의 열정과 사랑이 제게는 큰 자양분과 동기부여가 되었지요. 주입식 교육에서 벗어난 토론식 참여 수업, 프레젠테이션 과제 발표, 역사 신문 만들기, 최신 컴퓨터 교육 등 획기적인 수업은 학생들로 하여금 많은 호응과 열정을 이끌어냈습니다. 그때 체득한 것들이 사회에 나가서도 많은 도움이 되었어요.

저는 한가람에서 학생 스스로 참여하게 만드는 참교육을 받았다고 생각해요. 돌이켜보면 선생님들이 얼마나 많은 고민을 하셨을까 라는 생각을 다시 해봅니다. 제가 지금도 모교를 찾고 인사드리는 이유는 한가람은 제 인생의 가장 중요한 고유명사 중 하나이기 때문입니다. 고맙습니다.

−한가람고 1회 졸업생 이동준

선생님들이 너무 좋아서, 학교가 너무 좋아서 주말에도 학교에 가고 싶었고, 졸업을 앞두고는 너무 아쉬워서, 졸업식을 마치고도 그날 저녁 다시금 교정을 찾게 했던…… 한가람은 저에게 그런 학교였습니다. 지금도 제가 가르치는 많은 한가람의 학생들이 20년 전 저와 같은 생각을 하리라 믿습니다.

−한가람고 1회 졸업생 이준상

제게 한가람이란 주변의 여느 학교에 비해 작은 공간임에도 불구하고, 그 공간을 채운 구성원들과 함께 나눈 시간만큼은 비할 바 없이 알찬 곳이었습니다. 소극적인 성격이었던 저는 이곳에서 타인에 대한 존중을 기반으로, 그들을 향한 믿음과 함께하는 기쁨을 알아갔습니다. 이는 오늘날까지 삶을 지속할 수 있는 자양분입니다.

−한가람고 2회 졸업생 박성조

청라달튼학교 졸업생들의 글

High school at Cheongna Dalton School was a complete experience, in terms of education, making friends, and preparing for my goal to move on with my life. It may have been hard during those days, yet in retrospect, it was the best four years of my life.

－청라달튼학교 1회 졸업생 김수진

청라달튼학교는 나에게 활주로와 같은 존재다. 나에게 새로운 방향을 제시해줬고, 하늘로, 더 넓은 세상으로의 길을 만들어줬다.

－청라달튼학교 2회 졸업생 임진우

가고 싶은 학교, 보내고 싶은 학교

제1판 1쇄 발행 | 2018년 11월 8일
제1판 2쇄 발행 | 2024년 3월 18일

지은이 | 이옥식
펴낸이 | 김수언
펴낸곳 | 한국경제신문 한경BP
책임편집 | 이혜영
저작권 | 백상아
홍보 | 서은실 · 이여진 · 박도현
마케팅 | 김규형 · 정우연
디자인 | 권석중
본문 디자인 | 디자인 현

주소 | 서울특별시 중구 청파로 463
기획출판팀 | 02-3604-590, 584
영업마케팅팀 | 02-3604-595, 562 FAX 02-3604-599
H | http://bp.hankyung.com   E | bp@hankyung.com
F | www.facebook.com/hankyungbp
등록 | 제 2-315(1967. 5. 15)

ISBN 978-89-475-4424-5 (03370)